다큐동화로 만나는 한국 근현대사 ❿
생각하는 백성과 함석헌

1판 1쇄 인쇄 | 2012. 10. 17.
1판 1쇄 발행 | 2012. 10. 24.

이정범 글 | 김호민 그림

발행처 김영사
발행인 박은주
편집인 박숙정
편집장 전지운
편집 고영완 문자영 김진희 김지아 박은희 김효성 김보민
전략기획실 이소영 최병윤 이은경 김은중 강미선
만화연구소 김준영 김재윤
미디어기획부 이경훈 박준기 김학민 임지원
해외저작권 박선하
디자인 김순수 전성연 이설아 윤소라 고윤이
디자인 진행 씨오디
마케팅 이희영 이재균 박진옥 정민영 양봉호 강점원 김대현 정소담
제작 안해룡 김일환 박상현 김수연
사진제공 권태균 연합포토

등록번호 제406-2003-036호
등록일자 1979. 5. 17.
주소 경기도 파주시 문발동 파주출판단지 515-1(우413-756)
전화 마케팅부 031-955-3102 편집부 031-955-3113~20
팩스 031-955-3111

ⓒ 2012 이정범 · 김호민
값은 표지에 있습니다.
ISBN 978-89-349-5945-8 74900
ISBN 978-89-349-5458-3 (세트)

좋은 독자가 좋은 책을 만듭니다.
김영사는 독자 여러분의 의견에 항상 귀 기울이고 있습니다.
독자의견전화 031-955-3139 | 전자우편 book@gimmyoung.com
홈페이지 www.gimmyoungjr.com | 어린이들의 책놀이터 cafe.naver.com/gimmyoungjr

다큐동화로 만나는 한국 근현대사 ⑩

생각하는 백성과 함석헌

이정범·글 김호민·그림

주니어김영사

머리말

아직은 근현대사가 낯선 어린이들에게

이 책은 '다큐동화로 만나는 한국 근현대사' 시리즈의 열 번째 권입니다. 어린이들에게는 다큐동화라는 말이 낯설게 여겨질지도 모르겠습니다. 여기에서 '다큐'란 다큐멘터리의 줄임말로 글이나 사진, 영상물 등으로 남겨진 사실적인 기록을 뜻하며 '기록 문학'이란 말과 비슷한 용어입니다. 그러니까 다큐동화는 '사실적인 기록에 바탕을 두어 동화처럼 꾸며 낸 이야기'라고 볼 수 있습니다.

모두 15권으로 이뤄진 이 시리즈는 우리나라 근대와 현대를 움직였던 인물을 중심으로 가까운 과거의 이야기를 정리한 역사책입니다. 따라서 우리 부모님과 조부모님, 더 나아가서는 증조부모님이나 고조부모님이 어렸을 때의 나라 사정이 어땠는지, 그분들이 어떻게 지금과 같은 사회를 만들었는지 이 시리즈를 통해 생생하게 느낄 수 있으리라 봅니다.

근현대사는 고조선, 삼국 시대, 고려, 조선 시대의 역사보다 훨씬 실감 나며 현대 사회에 직접적인 영향을 주고 있습니다. 그래서 국사 교과서를 보더라도 근현대사가 고대사와 중세사를 합친 것만큼의 비율을 차지할 정도로 중요하게 다루어집니다. 다만 가까운 과거의 이야기이다 보니 역사적인 평가를 내리는 일이 여간 까다롭지 않습니다. 똑같은 사실을 두고도 그것을 보는 사람들의 이념과 입장에 따라 크게 다르거나 아예 정반대로 해석하는 일도 많습니다.

이 시리즈는 우리나라 국민의 자유와 평등, 정의로운 사회, 민주주의, 그리고 자주독립과 민족 통일을 위해 애쓴 분들을 각 권의 중심인물로 다루었습니다. 미처 소개하지 못한 분들도 많이 있지만 여기에 등장하는 인물만으로도 우리 근현대사의 흐름을 한눈에 살펴보기에 충분할 것입니다.

　이번 책의 주인공은 현대의 사상가이며 인권 운동가로 많은 업적을 남긴 함석헌입니다. 함석헌의 생애는 곧 한국의 현대사라 할 수 있습니다.

　광복 후 한반도는 남과 북으로 나뉘어 세계 유일의 분단국이 되었으며 가장 큰 비극으로 손꼽히는 6·25 전쟁을 겪었습니다. 이후 대한민국의 현대사는 크게 경제 발전과 민주주의 발전을 두고 대립과 갈등을 겪어 온 과정으로 요약할 수 있습니다. 경제 발전과 민주주의는 꼭 필요한 가치입니다. 하지만 독재 정권은 경제 발전을 위해서라면 민주주의와 국민 개개인의 인권쯤은 무시해도 된다고 여겼습니다. 이러한 때에 함석헌과 같은 민주 인사들은 민주주의와 인권을 위해 독재 권력과 당당히 맞서 싸웠습니다. 이 책을 통해 함석헌의 파란만장한 생애와 대한민국 현대사의 흐름을 살펴보기 바랍니다.

2012년 10월, 이정범

차례

머리말 _4

생각하는 백성이라야 산다 _9
지식의 폭을 넓히는 역사 수첩 _ 6·25 전쟁을 부르는 다른 이름 _21

사람은 누구나 평등하고 소중하다 _22
지식의 폭을 넓히는 역사 수첩 _ 조선을 뒤흔든 홍경래의 난 _36

오산 학교에서 꽃피운 젊은 날 _37
지식의 폭을 넓히는 역사 수첩 _ 민족 지도자의 스승, 유영모 _52

일본 유학을 마치고 _53
지식의 폭을 넓히는 역사 수첩 _ 《일본서기》와 신공 왕후 _72

반복되는 감옥살이와 시련 _73
지식의 폭을 넓히는 역사 수첩 _ 이산가족 상봉 행사 _87

민주주의를 외친 4·19 혁명 _88
지식의 폭을 넓히는 역사 수첩 _ 반올림을 적용한 불법 개헌 _108

독재 정치를 비판하다 _109
지식의 폭을 넓히는 역사 수첩 _ 우리나라 방송의 역사 _125

한국인 최초의 노벨 평화상 후보 _126

깊이를 더하는
역사 수업 ▶ 제1공화국에서 제6공화국까지 _141

(생각하는 백성이라야 산다)

1950년 6월 25일, 일요일 새벽이었다. 북한군이 남한 군사 분계선이었던 북위 38도선을 넘어 공격을 시작했다. 우리나라 역사에서 가장 큰 비극이라고 불리는 6·25 전쟁이 일어난 것이다.

"웬 천둥소리가 이리 요란하지?"

장마철이었기 때문에 38도선 근처에 살던 사람들은 천둥번개가 치는 줄로만 알았다. 잠에서 깬 사람들이 문밖을 살펴보았다. 그런데 이상하게도 번개는 보이지 않고 천둥소리만 요란했다.

"천둥이 치기 전에는 번개가 먼저 비치는 법인데 이게 대체 무슨 일이람?"

하필 전날인 토요일에 휴가를 받아 외출한 군인들이 많아 전방 부대에는 군인이 평소의 절반도 안 되었다. 그래서 북한군을 제대로 막을 수가 없었다. 게다가 당시 북한군은 소련제 탱크 수십 대를 몰고 내려왔는데 남한에는 탱

북위 | 적도로부터 북극에 이르는 위도. 위도는 적도를 중심으로 남북으로 평행하게 그은 선이다.

크가 한 대도 없었다. 북한군은 그런 사정을 미리 알고 있었기에 탱크를 앞세워 공격했다. 용감한 국군들이 목숨을 걸고 적의 탱크로 달려가 수류탄이나 화염병을 던졌지만 만반의 준비를 마친 북한군의 공격을 막는 데는 한계가 있었다.

북한군은 거침없이 남쪽으로 진격해서 순식간에 개성, 의정부 등을 점령하고 서울 근처까지 밀고 내려왔다.

"전쟁이 터졌대. 북한의 김일성이 쳐들어왔대. 어서 피난을 가야 해."

사람들은 뒤늦게 소식을 듣고 큰 혼란에 빠졌다.

"걱정 말게. 이승만 대통령이 안심하라고 방송하는 것도 못 들었는가? 국군이 반격을 시작해서 곧 평양을 점령할 거래."

"맞아. 유엔에서도 북한이 불법 남침한 것을 용서할 수 없다며 결의안을 채택했다고 하네."

사람들의 말처럼 라디오에서는 이승만 대통령의 목소리가 계속 흘러나오고 있었다.

"지금 서울은 모든 경찰을 동원해서 사수하고 있으며, 군대는 침투하는 괴뢰군을 분쇄하고 있는 중이니, 아무쪼록 서울 시민은 용기를 잃지 말고 우리 정부를 믿어 추호의 동요도 없기를 바라는 바입니다."

하지만 그 무렵, 국군은 계속 밀리고 있었다. 북한군은 쉴 틈 없이 몰아붙여 남침을 시작한 지 이틀 만인 6월 27일 서울을 점령했다. 국군을 믿고 동요하지 말라던 이승만 대통령은 북한군이 서울을 점령하기 10시간 전(6월 27일 새벽 2시경) 서울을 빠져나가 남쪽으로 내려갔다. 그리고 6월 28일 새벽 2시 30분에는 북한군이 남쪽으로 내려오지 못하게 한다면서 한강 인도교를 폭파했다. 아무런 예고도 없이 다리를 폭파했기 때문에 때마침 다리를 건너던 피

한강 인도교 |일제 강점기인 1917년에 세워진 다리로 6·25 전쟁 때 폭파되었다가 1958년 다시 세워졌다. 오늘날에는 한강 대교로 불리고 있다.

난민 수백 명이 목숨을 잃었고, 미처 피난을 떠나지 못한 사람들은 북한군의 지배를 받게 되었다.

"대통령이 그리도 안심하라며 방송하더니 우릴 내버리고 한밤중에 도망을 쳤단 말이야? 게다가 한강 다리까지 폭파했으니 우리들은 어쩌란 말인가!"

"임진왜란 때는 선조 임금이 백성을 버리고 피난을 떠났다던데, 대체 이 나라의 높은 사람들은 왜 이 모양인가!"

서울에 남아 있던 시민들은 크게 분노했다. 이러지도 저러지도 못하게 된 사람들은 북한군의 탄압을 피해 다락이나 마루 밑에 숨어 지내느라 하루도 편할 날이 없었다.

국군은 이렇다 할 반격도 못한 채 부산을 중심으로 한 낙동강 남쪽 지역까지 몰리게 되었다. 남한 대부분이 북한군의 손에 들어가고 말았다. 이승만 대통령을 비롯해 정부 관료들은 부산을 임시 수도로 정하고 반격할 준비를 했다. 당시 부산은 수백만 명의 피난민이 모여들어 발 디딜 틈이 없을 정도로 북적였다.

한편 유엔은 안전보장이사회를 소집했고, 그 결과 미국을 비롯한 16개 나라가 남한을 돕겠다며 군대를 보냈다. 그리고 수십 개 나라에서 물자와 의약품 등을 보내 주었다.

유엔군은 미군의 맥아더 총사령관의 지휘 아래 인천으로 기습 상륙해 서울을 되찾았다. 낙동강 쪽에 있던 국군도 북한군에게 반격을 시작했고 유엔군 또한 서울 남쪽으로 진격했다. 북한군은 궁지에 몰리자 국군과 유엔군의 공격을 피해 38도선 북쪽으로 후퇴하기 시작했다.

국군과 유엔군은 무서운 기세로 북한군을 추격했다. 마침내 1950년 10월 1일, 국군은 38도선을 넘었다. 오늘날에도 이날을 기념하기 위해 10월 1일을

국군의 날로 정해 여러 가지 행사를 열고 있다.

국군과 유엔군은 같은 해 11월, 압록강까지 진격해 통일을 눈앞에 두었다. 하지만 중공군 30만 명이 북한 편에 서서 압록강을 넘어 반격하자 국군은 눈물을 머금고 다시 후퇴해야만 했다. 그 후 1953년 7월 27일, 휴전 협정을 맺을 때까지 남한과 북한은 길고 지루한 전쟁을 치렀다.

6·25 전쟁이 끝났을 때 우리 국토는 폐허로 변했고 수십만 채의 집과 건물이 불타 없어졌다. 국군과 유엔군, 북한군, 중공군 그리고 남북한의 민간인 약 250만 명이 숨졌거나 부상을 당했다. 전쟁 동안 북한은 남한의 정치인과 지식인, 예술인 등 8만 5000여 명을 납치해 갔고, 북한 주민 300만 명은 자유와 민주주의를 찾아 남한으로 내려왔

▲ 휴전 협정 | 1953년 7월 27일 유엔군 대표와 북한 공산군 대표가 휴전 협정 조인문에 서명을 하고 있다.

중공군 | 중공이란 중화 인민 공화국 또는 중국 공산당의 줄임말로 우리나라에서 중국을 부르던 말이다. 중공군은 중공의 군대를 말하는데 정식 명칭은 '중국 인민 해방군'이다.

다. 그로 인해 1000만여 명의 이산가족이 생겨 남한과 북한에 뿔뿔이 흩어져 살게 되었다. 이처럼 같은 민족끼리 총을 겨누고 서로를 죽음으로 내몰았다는 뜻에서 6·25 전쟁을 '동족상잔'이라고 부르기도 한다.

6·25 전쟁이 끝난 뒤 남한에서는 미국 등의 경제 원조를 받아 전쟁의 상처를 극복해 나갔다. 그러던 1958년 8월, 〈사상계〉라는 잡지에 세상을 깜짝 놀라게 한 글이 실렸다. 글을 쓴 사람은 함석헌이었고, 제목은 '생각하는 백성이라야 산다'였다.

> 우리가 일본으로부터는 해방이 됐다 할 수 있으나 참 해방은 조금도 된 것 없다. 도리어 전보다 더 참혹한 것은 전에 상전이 하나였던 것이 지금은 둘 셋이다. 일본 시대에는 종살이라도 부모 형제가 한 집에 살 수 있고 동포가 서로 교통할 수는 있지 않았나? 지금은 그것도 못 해 부모 처자가 남북으로 헤어져 헤매는 나라가 자유는 무슨 자유, 해방은 무슨 해방인가?
> 남한은 북한을 소련과 중공의 꼭두각시라 하고, 북한은 남한을 미국의 꼭두각시라 하니 남이 볼 때 있는 것은 꼭두각시뿐이지 나라가 아니다. 우리는 나라 없는 백성이다. 6·25는 꼭두각시의 놀음이었다. 민중의 시대에 민중이 살았어야 할 터인데 민중이 죽었으니 남의 꼭두각시밖에 될 것이 없지 않은가?

함석헌은 이 글에서 우리나라가 일제의 강제 지배를 받은 것과 광복이 된 후에도 남북이 분단되어 끝내 같은 동포들끼리 총부리를 겨누게 된 배경을 설명했다. 또한 백성(민중)이 힘 있고 활기차게 사는 나라에서는 결코 이런 비

원조 | 물품이나 현금으로 가난한 나라나 사회에 도움을 주는 일을 말한다.

극을 겪지 않는다며 조선의 왕과 대신을 비롯한 지배층이 백성을 쥐어짠 나머지 6·25 전쟁과 같은 비극을 겪게 되었다고 주장했다. 그리고 남한은 미국의 꼭두각시, 북한은 소련과 중공의 꼭두각시로 손가락질 받고 있으며, 6·25 전쟁은 미국과 소련, 중공의 지시를 받아 일어난 민족의 비극이라고 적었다.

함석헌은 글의 끝부분에서 국민이 <u>물질 만능주의</u>에 빠지지 말고 역사가 주는 교훈을 깊이 되새기며 생각하는 백성, 철학하는 백성이 되어야 행복한 나라를 만들어 나갈 수 있다고 주장했다.

〈사상계〉에서 함석헌의 글을 읽은 사람들은 그의 주장에 박수를 보냈다.

"함석헌이란 사람, 이름은 못 들어 봤지만 속 시원히 할 말을 다 하는 양반이로군."

"그러게 말일세. 나도 이렇게 말하고 싶지만 차마 용기가 나지 않았는데 이분은 정말 대단해."

하지만 이승만 정권과 우익 세력은 그런 비난을 용서하지 않았다.

"이게 무슨 뚱딴지같은 소리야? 미국이 우리나라를 위해 얼마나 많은 희생을 치렀는데 이런 소리를 하는 게야?"

"함석헌이란 이 사람, 정신병자가 아닌가? 대체 남한이 미국의 꼭두각시라니? 미국은 우리나라의 은인이지, 우리나라를 지배하는 게 아니잖아."

"안 되겠어. 이런 얼빠진 자들은 체포해서 따끔한 맛을 보여 줘야 해."

결국 함석헌과 〈사상계〉의 발행인이었던 장준하는 체포되어 20일 동안 조사를 받았다. 정부는 함석헌과 장준하의 주장이 <u>이적 행위</u>라면서 두 사람을 탄압했다.

함석헌의 글에서 가장 문제가 된 것은 남한을 미국의 꼭두각시라고 표현한 부분이었다. 북한을 소련과 중공의 꼭두각시로 표현한 것에 대해서는 당연하

<u>물질 만능주의</u> |돈을 가장 소중한 것으로 여겨 지나치게 돈에 집착하는 것을 말한다.
<u>이적 행위</u> |적을 이롭게 하는 말과 글을 쓰거나 그런 행동을 하는 것을 말한다.

다는 반응이었다.

함석헌의 말처럼 남한과 북한 정부는 서로를 꼭두각시 정권이라며 비난해 왔다. 그리고 얼마 전까지만 해도 우리 정부와 언론에서는 북한을 '북괴'라고 불렀다. 북괴는 '북한 괴뢰 정권'의 줄임말로, 여기서 '괴뢰'라는 것은 '나무나 흙으로 만든 인형'으로 꼭두각시를 가리킨다. 그러므로 괴뢰는 자주성을 갖지 못한 채 남의 생각대로 움직이는 사람이나 집단을 비유하는 말이었다.

우리 정부가 북한을 북괴로 불렀던 것처럼 북한에서도 남한 정부를 '남조선 괴뢰 도당'이라고 불렀다. 그러나 1990년대에 접어들어 세계적으로 사회주의 정권이 무너지고 독일이 통일되는 등 냉전 체제가 사라지자 북괴니 남조선 괴뢰 도당이니 하는 말들은 슬그머니 자취를 감췄다.

▲ 함석헌 | 사상가이자 민권 운동가로, 〈사상계〉를 통해 사회와 정부를 비판하는 글을 많이 발표했다. 특히 1958년에는 '생각하는 백성이라야 산다'라는 글을 통해 정부를 비판하여 감옥에 갇혔다.

함석헌은 우리나라가 분단되어 피를 나눈 형제끼리 전쟁을 벌인 가장 직접적인 원인은 일본, 미국, 소련, 중국 등 주변 강대국들 때문이라고 했다. 그리고 우리 민족이 수난당한 것을 '고래 싸움에 새우등 터진 것'으로 비유했다. 하지만 함석헌은 우리에게도 잘못이 있다고 말했다. 〈사상계〉에서도 밝힌 것처럼 조선 시대의 지배층이 백성을 한없이 쥐어짠 게 가장 큰 잘못이라고 했다.

조선 후기에 일어난 갑오 농민 전쟁은 탐관오리와 일본 세력을 몰아내기 위해 일어났다. 그럼에도 민씨 세도 정권은 전과 다름없이 탐욕을 부리며 백성을 억압했고 결국 우리나라는 일제의 강제 지배를 받게 되었다. 광복 후에도 마찬가지였다. 지배층은 좌익이니 우익이니 하며 옥신각신하다가 통일 정부를 세울 수 있는 기회를 놓치고 끝내 6·25 전쟁이라는 비극을 겪게 된 것이다.

6·25 전쟁이 일어나기 전에도 남한 정부는 공산주의를 반대하는 '반공' 정책을 펴 나갔다. 그러다가 전쟁을 겪은 뒤로는 많은 국민이 공산주의라면 이를 갈 정도로 증오하게 되었다.

결국 6·25 전쟁은 국토를 폐허로 만들고, 엄청난 인명 피해와 재산 피해를 남겼다. 그러나 그보다 더욱 큰 상처는 동포끼리 이념 문제로 서로를 증오하게 되었다는 것이다.

북한군은 서울을 비롯해 남한의 각 지역을 점령할 때마다 자본가와 지주, 경찰이나 군인 등을 붙잡아 인민재판을 열고 그 자리에서 사살했다. 공산주의에 반대하는 자들은 그렇게 죽게 된다는 본때를 남한 사람들에게 보여 준 것이다. 반면 남한 사람들 중 공산주의 활동을 했거나 자본가나 지주들에게 피해를 입었던 사람들은 북한군을 도와 설쳐 댔다.

그 후 국군과 유엔군이 북한군에게 점령당했던 지역을 되찾자 이번에는 우익 청년들이 나타나 '빨갱이'를 모조리 죽여야 한다며 복수를 시작했다. 빨갱이란 공산주의자 또는 북한을 찬양하는 사람들을 속되게 가리키는 말이다. 북한, 중국, 소련 등의 공산주의 국가들은 피와 혁명을 상징하는 빨간색을 중요하게 여겼기 때문에 대개 빨간색을 바탕으로 하는 국기를 사용한다. 북한이 남한을 공격할 때도 '적화 통일'을 내세웠는데 이 말은 남한을 공산주의 국가로 만들어 통일하겠다는 뜻이다. 그래서 남한 사람들은 북한 정권과 공산주의자들을 빨갱이라고 불렀다.

6·25 전쟁 때 우익 세력은 조금이라도 북한군에게 이롭게 했거나 협력했던 사람들을 모조리 찾아내 처형했다. 그러자 일반 사람들은 북한군이 나타나면 북한의 국기인 인공기를 흔들고, 국군이 나타나면 태극기를 흔드는 웃지 못할 일을 벌여야만 했다. 그들은 좌익이니 우익이니, 공산주의 자본주의니 하는 건 잘 몰랐지만 살기 위해서 양쪽의 눈치를 살폈던 것이다. 때로는 자신이 미워하던 사람을 '저 사람은 빨갱이'라거나 '저 사람은 악질 지주'라고 모함해 목숨을 잃게 만들기도 했다. 이런 비참한 일들은 이후 수많은 소설이

나 영화의 소재가 되기도 했다.

만 3년 동안 이어지던 6·25 전쟁이 끝날 때쯤 남한 사람들은 공산주의자들을 더욱 증오하게 되었다. 게다가 정부와 우익 세력이 귀에 못이 박히도록 '반공'을 외쳐 대자 남한 사회는 반공정신으로 똘똘 뭉치게 되었다.

그러한 때에 함석헌이 〈사상계〉에 글을 써 남한, 북한 할 것 없이 모두 강대국의 꼭두각시라 비판하고 나선 것이다. 함석헌이 그런 글을 발표했을 때 남한의 많은 지식인들도 그와 비슷한 생각을 하고 있었다. 하지만 정부의 탄압이 두려워 용기 있게 나서지 못하고 있었다. 그때 함석헌은 이념보다는 민족을 중요하게 여겨야 하며 국민은 생각을 하면서 살아야 한다고 주장해 세상을 놀라게 했다.

그 무렵만 해도 함석헌은 이름이 알려진 사람이 아니었다. 하지만 〈사상계〉에 글을 발표하면서부터 차츰 이름을 알리기 시작했으며 '생각하는 백성이라야 산다'가 발표된 후 더욱 유명해졌다.

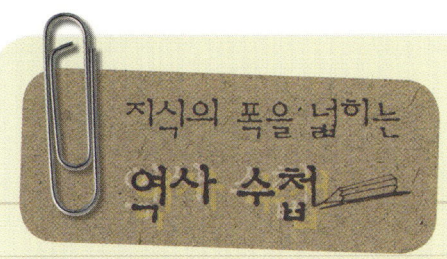

6·25 전쟁을 부르는 다른 이름

1950년 6월 25일, 북한군의 공격으로 시작된 남한과 북한의 전쟁은 몇 가지 다른 이름으로 불린다. 전쟁이 끝난 뒤 정부와 언론에서는 '6·25 사변', '6·25 동란'이라고 불렀다. 전쟁이라는 표현을 쓰지 않은 것은 '전쟁'이란 대개 국가와 국가 사이에서 무력으로 상대를 굴복시키는 일을 뜻하기 때문이다. 하지만 당시 유엔에서 승인한 한반도의 합법 정부는 대한민국밖에 없었다. 따라서 대한민국이 북한의 공격을 받았다는 뜻에서 '사변'이나 '동란'으로 부른 것이다. 여기서 동란이란 폭동, 반란, 전쟁 따위가 일어나 사회가 질서를 잃고 소란해졌다는 뜻이다.

이후 1991년 남한과 북한은 동시에 유엔 회원국이 되었다. 이때부터 남한에서는 북한이 한반도 북쪽에 있는 국가로 인정받게 되었으니 6·25 사변을 6·25 전쟁으로 바꿔야 한다는 의견이 나왔다. 정부는 공식적으로 국사 교과서와 표준국어대사전에 6·25 전쟁이라는 표현을 쓰기 시작했다.

한편 외국 학자들이 6·25 전쟁에 대한 책을 펴내면서 'Korean war', 또는 'Korean conflict'로 적은 것이 '한국 전쟁'으로 번역되었는데, 그때부터 한국 전쟁이란 말이 널리 사용되기 시작했다. 그 결과 6·25 전쟁, 6·25 사변, 6·25 동란, 한국 전쟁 등 여러 용어가 함께 쓰이게 되었으나 요즘에는 '6·25 전쟁'이 가장 일반적이다.

북한에서는 6·25 전쟁을 '미 제국주의자'들로부터 남한 사람들을 해방시키기 위해 일어난 전쟁이라는 뜻에서 '조국 해방 전쟁'이라고 부르고 있으며, 중국은 미국에 대항하고 북한을 돕기 위해 일어난 전쟁이라는 뜻으로 '항미 원조 전쟁'이라고 부른다.

▲ 6·25 전쟁 때 국군을 향해 만세를 외치는 사람들

(사람은 누구나 평등하고 소중하다)

함석헌은 1901년, 평안북도 용천군에서 태어났다. 당시 사람들은 그곳을 사자섬(사자도)이라 불렀다. 그곳에는 원래 사자도, 신점도 등 올망졸망한 여섯 개의 섬이 있었는데 조선 시대에 섬들을 모두 막아 육지로 만들었다. 그래서 사자도는 이름만 섬이지 실제로는 농사도 짓고 고기도 잡는 바닷가 마을이었다. 세상이 어떻게 돌아가는지도 모를 정도로 평화로운 곳이었다.

장남인 함석헌이 태어나자 작은아버지 함일형이 석헌(錫憲)이라는 이름을 지어 주었다. 하지만 어렸을 때는 석헌이라는 이름보다 '애놈'으로 불렸다. 애놈은 '장남'을 가리키는 평안도 사투리이다.

함석헌의 아버지 함형택은 한의사로 이름이 높았다. 평안도뿐 아니라 만주와 서울, 심지어 일본에서도 함형택에게 치료를 받기 위해 찾아오는 사람들의 발길이 끊이지 않았다. 덕분에 함석헌은 또래 아이들보다 부유한 어린

▲ **함석헌의 가족** |1969년 1월에 가족들과 함께 찍은 사진이다.

시절을 보냈다.

함석헌은 여섯 살 때부터 서당에 나가 한학을 배웠다. 조용하고 내성적인 성격이어서 친구들이 아무리 시비를 걸어도 화를 내거나 맞서 싸운 적이 없었다. 그래서 친구들은 함석헌에게 '촌색시'라는 별명을 붙여 주었다.

"어이, 촌색시! 예쁘게 꾸미고 어딜 가나?"

누가 이렇게 놀리면 함석헌은 금세 얼굴이 빨개져 고개를 숙인 채 조용히 지나가고는 했다. 그리고 늘 멀찌감치 서서 아이들이 노는 모습을 구경하거나 혼자 땅바닥에 그림을 그리며 놀았다.

함석헌에게는 위로 누나가 하나 있었고, 여동생 셋에 남동생이 하나 있었다. 사실 함석헌은 장남이 아니라 셋째 아들이었다. 그런데 두 형 모두 태어

나자마자 세상을 떠나는 바람에 셋째인 함석헌이 장남이 되었다.

부모님과 친척 어른들은 어렵게 얻은 함석헌을 애지중지 키웠다. 새로 산 옷이나 신발, 맛있는 음식 등은 늘 함석헌의 차지였다. 그래서 함석헌은 좋은 것은 모두 자기 것이고, 자기가 세상에서 최고인 줄로만 알고 자랐다.

어느 해 여름의 일이었다.

함석헌은 밭에서 쑥쑥 자라고 있던 오이 하나를 보고 속으로 생각했다.

'며칠 지나면 저 오이가 먹음직스럽게 자랄 테지? 잘 보아 두었다가 따 먹어야지.'

함석헌은 서당을 오가면서 매일같이 오이가 얼마나 자랐는지 살펴보았다. 그러다가 하루는 자기가 점찍어 둔 오이가 감쪽같이 사라진 것을 발견했다.

'대체 누가 내 오이를 따 간 거야?'

함석헌은 궁금하기도 했고 화가 나기도 했다. 내성적인 함석헌은 조용히 범인을 찾아 나섰다. 마침 그때 마루에 걸터앉아 오이를 맛있게 먹고 있는 여동생을 보았다. 함석헌은 그때 처음으로 화를 냈다. 촌색시 같던 함석헌이 여동생에게 버럭 소리를 지른 것이다.

"함석란! 감히 네가 내 오이를 먹어?"

여동생 석란은 어리둥절한 얼굴로 물었다.

"이게 어째서 오빠 오이야?"

"내가 며칠 전부터 점찍어 둔 것이니 내 오이지."

"하지만 나도 이 오이가 먹고 싶었단 말이야. 먼저 먹는 사람이 주인이지. 이 오이가 오빠 것이라는 증거 있어?"

"뭐야?"

함석헌이 여동생과 다투자 근처에 있던 어머니가 뛰어나왔다.

"무슨 일인데 싸우는 거니?"

어머니의 질문에 함석헌이 대답했다.

"내가 점찍어 둔 오이를 석란이가 가로챘어요. 감히 내 것을 도둑질하다니……."

그 말에 석란은 울음을 터뜨렸다.

"으앙! 오빠는 뭐든지 자기 거래."

그러자 어머니가 함석헌의 머리를 쓰다듬으며 조용히 타일렀다.

"석헌아! 사람은 누구나 평등하고 소중한데 넌 어떻게 좋은 것은 모두 네 것이라고 생각하니? 그럼 못쓴다."

함석헌은 그 말을 듣고 머리를 한 대 맞은 것 같았다.

'어머니는 늘 내 편을 들어 주셨는데 왜 꾸지람을 하시지?'

그런 생각을 하다가 마침내 자신이 잘못했다는 걸 깨달았다.

'어머니 말씀처럼 석란이도 나와 똑같은 사람이야. 사람은 누구나 소중한데 난 세상에서 내가 제일인 줄로만 알았던 거야.'

함석헌은 여동생에게 화를 낸 것이 매우 부끄러웠고, 다정한 말투로 모든 사람이 평등하고 소중하다는 것을 일깨워 주신 어머니가 하늘처럼 높아 보였다. 함석헌은 그때 얻은 교훈을 평생 동안 마음 깊이 간직했다. 그리고 그 마음은 그가 세상을 떠날 때까지 국민의 인권과 자유, 민주주의를 위해 이바지하는 밑거름이 되었다.

함석헌의 작은아버지와 사촌 형제들은 믿음이 깊은 기독교인이었다. 함석헌도 목사인 사촌형 함석규가 몸담고 있는 교회에 나가 기독교와 《성경》 이야기를 듣고는 했다.

그러던 1920년대 말, 함석헌이 서른 살 무렵에 함석헌의 아버지는 마을에

교회와 학교를 세웠다. 그 무렵, 평안도 지역은 다른 어떤 지역보다 기독교인들이 활발하게 활동하던 곳이었다. 1919년 3·1 운동 때 평양을 비롯한 평안도의 여러 고을에서 서울과 비슷한 시간에 만세 운동이 시작된 것도 그 지역에 기독교인이 많아 조직적으로 움직였기 때문이다.

조선을 세운 태조 이성계는 수도를 개경에서 한양(서울)으로 옮겼다. 고려의 수도인 개경에 있다가는 충신 세력들이 반란을 일으킬까 두려웠기 때문이다. 이후 조선의 임금과 대신들은 평안도, 함경도, 황해도 등 오늘날 북한 지역 사람들을 심하게 차별해 왔다. 그로 인해 그 지역 사람들은 아무리 뛰어난 실력이 있어도 과거에 급제하기 어려웠고, 급제하더라도 낮은 벼슬자리를 떠도는 정도였다. 1811년 평안도와 황해도를 중심으로 홍경래의 난이 일어난 것도 관서 지역 사람들을 지나치게 차별한 것이 한 가지 원인이 되었다.

그래서 관서 지역에 기독교가 전해지자 사람들은 너도나도 신자가 되어 열심히 믿었다. 기독교에서는 유교처럼 임금에게 충성을 다해야 한다고 가르치지 않았고, 하느님을 믿는 사람은 누구나 평등하다고 했기 때문이

▲〈순무영진도〉|홍경래의 난 때 홍경래 군대와 관군이 대치하고 있는 모습을 그린 것이다.

관서 지역 |평안남도와 평안북도를 통틀어 부르는 말이다.

다. 기독교가 큰 관심을 끌었던 또 다른 이유는 일제 강점기에 서양 선교사들이 전하던 기독교는 일제의 탄압을 덜 받았기 때문이다. 그래서 당시 교회는 예배를 보고 설교를 듣는 신성한 곳이면서 독립운동의 중심지이기도 했고 독립지사들의 연락처가 되기도 했다.

함석헌은 서당을 다니며 한문을 배우다가 작은아버지가 세운 기독교 학교인 덕일소학교에 들어가 신학문을 익혔다. 그리고 1914년에는 양시 공립 보통학교에 들어가 2년 후에 졸업하고 1916년에는 관립 평양 고등 보통학교(평양고보)에 들어갔다. 관립이란 관청에서 세웠다는 뜻인데, 평양고보는 그 무렵 관립 경기 고등 보통학교(경기고보)와 함께 한국에서 가장 좋은 학교로 손꼽히는 곳이었다. 따라서 함석헌이 평양고보에 합격했다는 것은 공부를 제법 잘했다는 걸 뜻한다.

평양고보 입학생들은 대체로 초급 관리가 되어 편안하게 살아가는 것을 꿈꾸었다. 함석헌도 한의사인 아버지처럼 의사가 되고 싶었다.

"난 한의사로 평생을 살았지만 너는 서양 의학을 배워 의사가 되는 게 어떠냐?"

아버지의 권유에 함석헌은 주저하지 않고 대답했다.

"저도 그런 포부를 가지고 있습니다."

당시 평양고보와 경기고보 졸업생들은 시험을 보지 않고도 경성 의학 전문학교(경성의전)에 들어갈 수 있었다. 경성의전은 광복 후 경성제국대학 의학부와 합쳐져 오늘날의 서울대학교 의과 대학으로 발전했다.

함석헌은 평양에 있는 친척 집에서 지내며 평양고보를 다녔다. 그런데 그때부터 함석헌의 마음속에 어떤 변화가 일어났다. 웬만한 아이들은 엄두도 못 낼 평양고보에 들어갔으니 편안하게 미래를 준비하면 되는데 그렇지가 않았다. 왠지 하루하루가 불안했고 평양고보에 대한 자부심도 생기지 않았다.

함석헌은 평양고보에 들어가기 전 신앙심이 매우 깊었고 《성경》을 비롯해 기독교의 교리도 두루 익혔다. 그런데 평양고보에 다니면서부터는 《성경》을 읽는 시간이 차츰 줄었으며 때로는 시큰둥한 마음도 들었다.

'이왕 평양고보에 들어왔으니 다른 생각은 떨치고 공부나 열심히 해야지.'

함석헌은 이렇게 다짐하고 학교와 집을 오가며 공부에만 매달렸다. 그러던 어느 해, 여름 방학을 맞아 함석헌은 고향으로 내려갔다. 집에서 편안히 지내던 그는 밖에 나갔다가 어릴 적 친구를 만났다.

"어? 넌 촌색시, 아니 함석헌 아냐?"

친구가 반가워하며 손을 내밀었다. 함석헌은 상대가 누구인지 퍼뜩 생각나지 않았다. 얼굴이 새카맣게 탄 데다 손도 거칠어서 어릴 때의 모습이 떠오르지 않았기 때문이다. 함석헌은 친구가 자기 이름을 밝히고서야 비로소 기억해 내고 멋쩍게 웃었다.

"평양고보에 다닌다더니 멋쟁이 신사가 다 됐네."

"신사는 무슨……. 그나저나 넌 어찌 지내?"

"나야 학교라고는 문턱도 밟아 보지 못했으니 자나 깨나 농사나 짓고 사는 거지."

그날 친구와 헤어진 함석헌은 온종일 마음이 우울했다.

'난 한의사 아버지를 둔 덕분에 별다른 고생 없이 공부하지만 저 친구는 매일 농사를 짓느라 고생이 심하구나. 그렇게 고생을 해도 먹고사는 일이 힘겨울 테니 세상은 어찌 이리 불공평하단 말인가.'

함석헌은 그 친구와 같은 가난한 이웃들에게 한없이 미안한 마음이 들었다. 가난한 집안에서 태어난 탓에 못 먹고, 못 입고, 못 배운 사람들이 세상에 얼마나 많을까? 함석헌은 그런 사람들을 어떻게 도와야 할지 고민했지만 이렇다 할 방법이 딱히 떠오르지 않았다.

1917년 함석헌이 고향 집에 머물고 있을 때 부모님이 말했다.

"너도 이제 장가갈 나이가 되지 않았느냐?"

겨우 열여섯 살이던 함석헌은 얼굴을 붉혔다. 그때는 열서너 살만 되어도 결혼하는 게 일반적이었으니 이르다고 할 수는 없었다. 하지만 함석헌은 결혼은 꿈에도 생각해 보지 않을 때였다.

"하지만 전 학생인데 어떻게 결혼을 하겠습니까?"

"학생이면 결혼을 하지 말란 법이라도 있느냐? 마침 참한 색시가 있으니 결혼하도록 해라."

"그래도 지금은 학업에 전념할 때입니다. 결혼은 몇 해 더 있다가 하겠습니다."

"아니. 당장 마음이 내키진 않겠지만 이런 일은 부모의 뜻을 따르는 게 도리야."

어려서부터 어른들의 말에 순종해 온 함석헌은 더 이상 고집을 부리지 않고 부모님 뜻대로 장가를 들었다. 아내가 된 황득순은 함석헌보다 한 살 어렸으며 학교를 다니지 못해 글을 몰랐다.

그때만 해도 맞선을 보거나 연애를 해서 결혼하는 사람은 거의 없었고 대개 중매하는 사람의 말만 듣고 식을 올렸다. 그래서 함석헌도 결혼식 날 처음 아내가 될 황득순을 보았다. 비록 부모님의 뜻에 따라 억지로 결혼했지만 함석헌 부부는 달콤하고 재미있는 신혼 생활을 보냈다고 한다.

함석헌은 결혼을 하고 내성적인 성격도 차츰 바뀌어 학교에서도 친구들을

▲ **함석헌과 황득순** | 함석헌은 1917년 한 살 어린 황득순과 결혼했다.

많이 사귀었다. 친구들과 함께 어울리는 시간이 많다 보니 어렸을 때 가졌던 애국심도, 작은아버지에게 배웠던 민족을 사랑하는 마음도 차츰 희미해져 갔다.

1910년, 우리나라가 일제의 강제 지배를 받기 시작했을 때 함석헌은 겨우 아홉 살이었다. 당시는 어른들은 물론 아이들마저 활기를 잃고 숨죽인 채 하루하루를 보냈다. 그때 함석헌은 아이답지 않게 어떻게 하면 나라를 구할 수 있을지 고민했다. 그 이유는 몰래 독립운동을 하던 작은아버지 때문이었다. 그는 어려서부터 작은아버지 함일형을 스승처럼 여겼다.

함일형은 늘 함석헌에게 애국심과 민족애를 북돋아 주었다.

"우리가 일제로부터 독립하려면 그들보다 몇 배쯤 실력을 키우는 길밖에 없다. 그러니 너희들은 열심히 공부해야 한다. 공부를 해서 실력 있는 인재들이 늘어나면 일제도 항복할 수밖에 없을 것이다. 나라와 민족을 사랑하는 길은 그것뿐이다."

그럴 때마다 함석헌은 주먹을 불끈 쥐고 '내가 어떻게 하면 나라를 구할 수 있을까?' 하고 고민했다. 열두 살 때 함석헌은 서너 명의 친구들을 모아 놓고 이렇게 말했다.

"너희들 안중근 의사가 어떤 분인지 잘 알지?"

친구들은 동시에 고개를 끄덕였다. 1909년 10월 26일, 하얼빈 의거를 성공시킨 안중근은 아이들에게 우상이나 다름없었다. 비록 일제의 감시가 심해 드러내 놓고 말은 못했지만 아이들은 안중근처럼 의협심이 강하며 나라를 구하려고 나섰던 애국지사들을 영웅으로 떠받들었다.

"안중근 의사가 동의단지회를 만들었던 것처럼 우리도 한마음이 되어 나라를 구하는 게 어때?"

함석헌의 말에 아이들은 눈을 반짝이며 대답했다.

"그거 멋진 생각인데! 우리도 비밀 단체를 만들자."

"나도 찬성이야. 비밀 단체를 만들어서 일본 순사들을 혼내 주자."

그러자 함석헌이 기다렸다는 듯 말했다.

"내가 이름을 생각해 봤는데 우리가 한마음이 되자는 뜻에서 '일심회'라고 하는 게 어때?"

그렇게 일심회가 만들어졌지만 그것으로 그치고 말았다. 일심회가 어떻게 나라를 구할지 깊이 생각하기에는 함석헌과 친구들의 나이가 너무 어렸으며 단체를 꾸려 나갈 힘도 없었기

▲ **안중근** | 독립운동가로 하얼빈에서 한국 침략의 원흉 이토 히로부미를 사살해 사형 선고를 받고 세상을 떠났다.

때문이다.

하지만 그 뒤로도 함석헌은 강제로 한국을 병합한 일본 제국주의자들을 미워했고, 나라를 빼앗긴 왕과 관리들을 한심하게 여겼으며, 이완용 등 매국노들을 증오했다. 반면 작은아버지 함일형을 비롯해 나라 안팎에서 활약하고 있던 독립지사들을 존경했으며, 자신도 커서 나라를 구하는 인물이 되고자 했다.

그런데 평양고보에 입학하고 결혼까지 하고 난 뒤로 그런 마음은 점점 사라졌으며 그저 또래 친구들과 이리저리 휩쓸려 지내게 되었다.

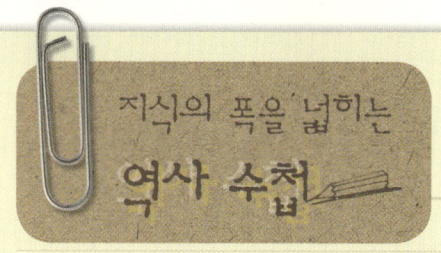
지식의 폭을 넓히는
역사 수첩

조선을 뒤흔든 홍경래의 난

홍경래는 평안북도 용강군에서 평민 출신으로 태어났다. 일찍이 학문에 뜻을 두어 유교와 풍수지리를 익힌 뒤 평양에서 치러진 초시에 급제한 뒤 한양으로 가 과거를 보았으나 떨어지고 말았다. 조선 시대에는 평안도, 황해도 지역에 대한 차별이 심해 과거에 급제해 출세하는 사람이 드물었다. 그래서 홍경래는 조선 정부의 지역 차별과 부정부패에 울분을 느꼈다.

고향으로 돌아가던 홍경래는 농민 봉기를 일으켜 새로운 세상을 열겠다는 뜻을 품고 비슷한 처지에 놓인 동지들을 모았다. 그래서 우군칙, 김사용, 김창시 등 뜻을 같이하는 사람들과 치밀하게 준비해 나갔다. 이들이 농민 봉기를 준비한다고 하자 지식인과 부자, 상인들도 군량미와 무기 등을 선뜻 내놓았다. 홍경래는 비밀 군사 기지를 마련해 군사들을 훈련시켰다.

1811년(순조 11) 12월, 홍경래 부대는 대규모 봉기를 일으켜 안주, 의주 등 여러 지역을 점령해 나갔다. 하지만 차츰 관군에게 쫓기어 정주성에서는 4개월이 넘도록 관군에 저항했다.

그러다 결국 1812년 4월, 농민군 3000여 명이 체포되면서 홍경래의 난은 막을 내렸다.

홍경래의 난은 비록 실패로 끝났지만 그들이 내세웠던 이념과 새로운 세상에 대한 꿈은 조선 후기 사회를 크게 뒤흔들었다. 그래서 평안도, 황해도 지역에서는 홍경래가 관군에게 사살당하지 않고 어느 섬으로 가서 새로운 봉기를 준비하고 있다는 소문이 오랫동안 떠돌기도 했다.

▲ 홍경래가 관군들과 4개월에 걸쳐 대치했던 정주성 성곽

(오산 학교에서 꽃피운 젊은 날)

"1919년에 일어난 3·1 운동은 젊은 날의 내게 매우 중요한 전환점이 되었다. 만약 3·1 운동이 일어나지 않았다면 난 의사가 되었거나 다른 공부를 하여 일본인 밑에서 시달리던 우리 동포를 짜 먹는 구차한 지식 노예가 되었을지 모른다."

함석헌이 평양고보 때의 일을 회고하면서 한 말이다. 이 말에서도 알 수 있듯이 3·1 운동은 함석헌의 인생을 바꿔 놓을 정도로 큰 영향을 미쳤다.

1919년 2월 28일, 함석헌은 열여덟 살이었다. 어느 날 사촌 형 함석은이 함석헌을 찾았다. 함석은은 일본에서 유학을 마치고 귀국해 평양 숭덕학교에서 교사 생활을 하고 있었고 평양 지역 3·1 운동 준비 위원회의 총책임자이기도 했다. 이전에 함석은은 함석헌에게 국제 정세와 미국의 윌슨 대통령이 말한 민족 자결주의에 대해 설명한 적이 있었다.

"석헌아, 지금 저 멀리 유럽에서는 제1차 세계 대전이 연합국의 승리로 끝나 가는 중이다. 그래서 연합국 대표들이 모여 파리 강화 회의를 열기로 했단다."

"그 회담이 우리나라에 영향을 줄까요?"

"분명히 좋은 일이 생길 거다. 미국의 윌슨 대통령이 민족 자결주의를 선언했거든."

"민족 자결주의라니요?"

"말 그대로 모든 민족은 자기 민족의 운명을 스스로 결정할 수 있다는 걸 선언한 것인데, 미국 등 연합국이 그것을 돕겠다는 거야. 그러니 우리 민족도 더 이상 일제의 지배를 받지 않고 스스로 독립할 길이 열렸다고 봐야지."

"하지만 일제가 그런 선언을 고분고분 따를까요?"

"당연히 그자들은 조선에서 물러날 생각이 없겠지. 그러니 이번 기회에 우리가 독립 의지를 전 세계에 알려 서양 강대국들로 하여금 일본에게 압력을 넣게 해야지. 벌써 만주와 연해주의 독립지사들이 무오 독립 선언을 발표했고, 머지않아 일본 유학생들도 만세 운동을 벌일 거야."

함석은의 말처럼 일본 도쿄에서 2·8 독립 선언이 일어났다. 그리고 나라 안에서도 천도교, 기독교, 불교의 종교 지도자들이 민족 대표로 추대되어 비밀리에 대규모의 만세 운동을 준비하고 있었다.

2월 28일 함석은은 급히 함석헌을 불러 말했다.

"드디어 내일(3월 1일), 전국 각지에서 만세 운동이 일어날 거야. 너는 태극기를 만들어 이 독립 선언서와 함께 사람들에게 나눠 주어라."

함석은은 태극기 모양을 새긴 목판을 함석헌에게 건네주었다. 목판에 검정색과 붉은색, 푸른색 물감을 발라 하얀 천에 찍으면 태극기가 완성되었다.

▲ 3·1 운동 때 종로 거리로 뛰쳐나오는 사람들

함석헌은 자신이 중요한 임무를 맡게 된 것이 기쁘고 뿌듯했다. 함석헌은 열심히 태극기를 찍어 내면서 틈틈이 독립 선언서를 읽어 보았다. 최남선이 썼다는 독립 선언서와 한용운이 덧붙였다는 공약 3장을 몇 번이나 읽으면서 함석헌은 깊이 감동했다.

이윽고 3월 1일이 되었다. 평양을 비롯한 평안도 각 지역에서는 탄탄한 조직을 갖춘 기독교인들이 많았기 때문에 서울과 비슷한 시간에 만세 운동이 시작되었다. 함석헌은 소식을 듣고 모여든 시민과 학생들에게 태극기를 나눠 주었다.

"자, 이 태극기를 힘차게 흔들며 만세를 불러 주십시오. 이건 민족 대표들이 만든 독립 선언서입니다. 이 선언서도 읽어 주십시오."

함석헌은 사람들에게 독립 선언서를 나눠 주었고 경찰서를 비롯해 일제의 여러 기관에도 독립 선언서를 뿌렸다.

청년 대표들이 독립 선언서를 낭독한 뒤 만세를 부르자고 제의했다.

"여러분, 독립을 염원하는 만세를 부릅시다. 대한 독립 만세!"

"대한 독립 만세! 대한 독립 만세!"

만세 함성이 평양 시가지 곳곳에서 울려 퍼졌다. 시민들은 거리를 행진하며 밤늦도록 만세를 불렀다. 일제 경찰들이 깜짝 놀라 행렬을 막았지만 시민들은 맨주먹으로 맞섰고, 쓰러지면 다시 일어서서 만세를 불렀다.

〈함석헌 전집〉에 당시의 일이 생생하게 기록되어 있다.

독립 선언서를 전날(2월 28일) 밤중에 숭실학교 지하실에 가서 받아 들던 때의 감격! 3월 1일 평양경찰서 앞에 그것을 뿌리던 생각, 그리고 돌아와서 시가행진에 참가했는데, 내 평생에 그날처럼 맘껏 뛰고 맘껏 부르짖고 상쾌한 때는 없었다. 목이 다 타 마르도록 '대한 독립 만세'를 부르고 팔목을 비트는 일본 순사를 뿌리치고 총에 칼 꽂아 가지고 행진해 오는 일본 군인과 마주 행진해 대들었다가 발길로 채여 태연히 짓밟히고 일어서고, 평소에 처녀 같던 나에게서 어디서 그런 용기가 나왔는지 나도 모른다.

3·1 운동으로 전국의 모든 학교는 강제로 문을 닫게 되었다. 함석헌도 몇 주 동안 학교에 나갈 수가 없었다. 그러던 어느 날 학교로부터 연락이 왔다. 학교에서는 '다시 학교를 다니고 싶으면 먼저 일본인 교사들에게 사죄를 해야 한다.'고 말했다. 이때 함석헌은 명문으로 손꼽히던 평양고보에 대해 다시 생각해 보았다.

'내가 평양고보를 졸업하면 의사가 되어 큰 병원을 운영하거나 혹시 유명한 정치가가 될지도 모른다. 하지만 그것은 일제의 보호를 받으며 힘없는 동포들을 짓밟고 일어서는 일이 아닌가? 내 나라의 독립을 위해 만세 운동에 나섰던 내가 왜 일본인 교사에게 사죄를 한단 말인가? 차라리 평양고보를 그만두는 게 옳다.'

함석헌은 굳게 결심하고 바로 평양고보를 중퇴한 뒤 고향인 사자섬으로 돌아갔다.

"아무리 그렇더라도 조금만 참지 그랬느냐?"

부모님과 집안 어른들은 매우 아쉬워했다.

"그래, 앞으로 어떻게 할 작정이냐?"

이런 질문을 받을 때마다 함석헌은 말문이 막혔다. 일제에 굴복하기 싫어 학교를 그만두었지만 장차 어떤 일을 할지 계획은 없었기 때문이다. 그래서 함석헌은 거의 2년 동안 빈둥거리며 지냈다. 그에게는 작은 희망도 보이지 않았다. 의사가 되려던 꿈이 사라져 버리자 불안하고 초조한 나날만 계속되었다.

함석헌이 그렇게 된 것은 모두 3·1 운동 때문이지만 함석헌은 그 일을 털끝만치도 후회하지 않았다. 3·1 운동에 참여하면서 비로소 민족을 사랑하는 마음을 배웠으며 왜 우리 민족이 독립해야 하는지 가슴 깊이 새겼기 때문이다.

함석헌은 울적한 마음을 달래려고 혼자 종이를 들고 마을 뒷산으로 올라가 그림을 그리고는 했다. 어려서부터 그림 그리는 것을 좋아해서 그림을 그릴 때만큼은 마음이 평안해졌다. 하지만 마을 사람들은 그런 함석헌을 고운 눈길로 보지 않았다.

"함석헌이 만세 운동을 벌이다 학교를 그만두더니 미쳤대."

"하긴, 미치지 않고서야 조선 최고의 명문으로 손꼽히는 평양고보를 그만둘 리가 있나?"

"날마다 들로, 산으로 쏘다니며 그림을 그린다지? 가끔은 제 아내를 얼싸안고 목 놓아 울기도 한다며?"

이처럼 함석헌에 대한 이상한 소문이 떠돌았다. 함석헌은 그런 말을 들을 때마다 깜짝 놀랐다. 하지만 '내가 미치지 않았으니 헛소문을 퍼뜨리지 마시오.' 하고 일일이 변명할 생각도 없었다. 다만 부모님에게 죄송한 마음이 들었다. 일요일이면 꼬박꼬박 교회에 나가 설교를 듣고 찬송가를 불렀지만 불안하고 울적한 마음은 떠나지 않았다.

그러던 어느 날 이웃 마을에서 한 사람이 찾아왔다.

"내가 서당을 열었다가 신식 교육을 가르칠 생각으로 '명신학교'로 이름을 바꿨네. 그런데 거기 있던 교사가 그만두었으니 자네가 대신 맡아 주겠나?"

함석헌은 마침 잘 되었다 싶어 명신학교에 나가 아이들을 가르쳤다. 그때부터 기분도 조금씩 나아졌고 웃을 일도 생겼다. 그리고 차츰 앞으로의 일에 대해 계획을 세울 수 있었다.

함석헌에게 많은 영향을 준 3·1 운동은 종교 지도자들이 민족 대표가 되어 준비한 것으로, 이는 우리나라의 근대사에 매우 중요한 분수령이 되었다. 3·1 운동을 계기로 우리 민족은 자주 독립에 대한 굳은 의지를 얻었으며 민주주의와 자유, 평등에 대해 새롭게 눈뜨게 되었다. 그러한 정신을 이어받아 중국 상하이에는 대한민국 임시 정부가 세워졌다.

일제도 3·1 운동이 일어나자 무단 통치를 그만두고 문화 통치를 시작했다. 그런데 문화 통치는 말만 그럴 듯했지 실제로 속을 들여다보면 매우 교묘하게 독립 의지를 꺾어 우리 민족을 영원히 지배하려는 일제의 계략이었다. 일제는 경찰과 헌병의 수를 크게 늘려 한국인의 움직임을 더욱 철저히 감시했고 민족 대표나 지식인들을 이간질하여 친일파로 만들어 나갔다. 3·1 운동 후에 친일파가 부쩍 늘어난 것도 그러한 영향이 컸다.

"우리 민족이 1년 내내 만세 운동을 벌이면 뭣하겠나? 일제는 꿈쩍도 하지 않는데······."

"그러게 말일세. 더구나 일제는 요즘 더욱 기세가 올라 아시아 전체를 삼키려고 하니 우리가 독립하긴 글 렀다고 봐야지."

"괜히 만세 운동이니 뭐니 해서 고달프게 사느니 일제에 적당히 협조하면서 그냥 편히 사는 게 낫겠어."

이런 생각을 하는 사람들이 많아졌고, 이광수, 최남선, 최린 등 독립운동을 이끌었던 지식인들과 3·1 운동 때의 민족 대표 대부분도 친일파로 변절했다. 가장 조직적으로 3·1 운동을 준비했던 기독교인들도 더 이상 일제에 저항하지 않았다. 그러자 기독교 신앙이 깊었던 여운형, 이동휘 등은 기독교 지도자들에게 크게 실망한 나머지 사회주의로 눈을 돌렸다. 함석헌도 교회의 모습에 실망했다.

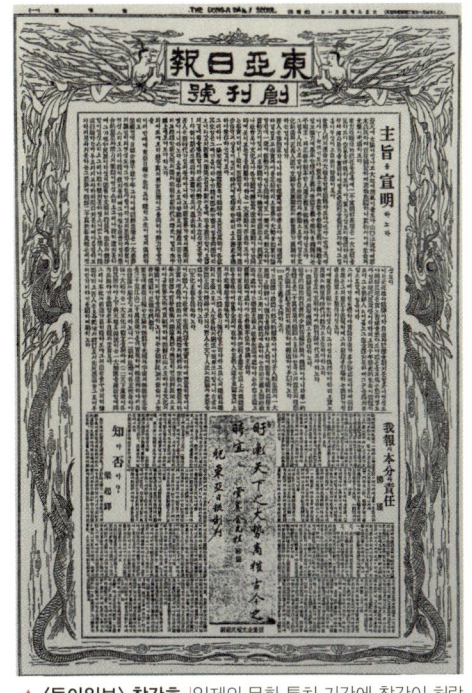

▲ 〈동아일보〉 창간호 | 일제의 문화 통치 기간에 창간이 허락된 민간 신문이다.

3·1 운동이 일어난 지 2년이 지난 1921년, 방황하던 함석헌은 학업을 계속하기로 결심하고 서울로 향했다. 서울에서 다닐 만한 학교가 있는지 알아보기 위해서였다.

서울에 도착한 함석헌은 혼잡하고 바쁘게 돌아가는 도시의 모습에 눈앞이 아찔했다. 종종걸음으로 오가는 수많은 사람들, 곳곳에 새로 들어선 서양식 건물들과 상점들, 넓은 거리를 달리는 전차 등이 그의 마음을 어지럽혔다.

함석헌은 여러 학교를 찾아가 입학할 수 있는지를 물어보았다. 어떤 학교는 입학할 때가 지났다며 거절했고, 어떤 학교는 자리가 없다며 외면했다.

"우리 학교에는 더 이상 자리가 없네. 다른 학교를 알아보게."

"그래도 이 학교를 다니고 싶다면 어떻게 해야 합니까?"

"방법이 아주 없는 건 아니지만……."

"그게 뭐죠?"

"입학금을 많이 내거나 아주 높으신 분이 자네를 추천한다면 가능할지 모르겠군."

이 말을 듣고 함석헌은 온몸에서 힘이 빠지는 것 같았다. 그렇게까지 해서 서울에 있는 학교를 다닐 마음은 없었다. 그는 터덜터덜 거리를 떠돌며 생각에 잠겼다.

그때 누군가 함석헌의 어깨를 두드렸다. 뒤를 돌아보니 사촌 형인 함석규가 서 있었다. 어렸을 때부터 기독교와 《성경》에 대해 많은 이야기를 들려주었던 함석규를 서울에서 우연히 만나자 함석헌은 눈물이 핑 돌 정도로 반가웠다.

"어, 형님!"

"그래, 석헌아. 네가 여긴 웬일이냐?"

함석규는 목사로, 여러 곳을 다니며 바쁘게 활동하느라 그동안 소식이 뜸했다. 함석헌은 서울을 찾아간 이유와 앞으로의 계획에 대해 함석규에게 자세히 말하고 의견을 물었다.

함석규가 말했다.

"남강 이승훈 선생이 세우신 오산 학교를 알고 있느냐? 네가 그 학교에 들어가면 좋을 것 같은데……."

"평안도 정주에 있는 오산 학교 말이죠? 저도 이승훈 선생님과 오산 학교 이야기는 들은 적이 있습니다."

정주군은 평안도 서남쪽 바닷가에 있는 마을로, 홍경래의 난이 일어났을 때 관군과 농민군이 4개월 동안 치열하게 싸운 곳으로도 유명했다. 그런가 하면 이승훈, 이광수, 김소월 등의 독립지사나 유명한 문인이 태어난 곳이기도 했다. 게다가 3·1 운동 때는 18번의 만세 운동이 일어났는데, 이때 120명이 목숨을 잃었고 500여 명이 부상당했으며 600여 명이 감옥에 갇혔다. 그만큼 정주군은 선구자들이 많이 나왔고 항일 정신이 투철한 마을이었다.

"하지만 지금은 오산 학교의 사정이 무척 어려워졌다. 3·1 운동 때 이승훈 선생이 체포되어 감옥에 갇히자 오산 학교도 탄압을 받은 모양이야. 일본 헌병들이 오산 학교가 독립운동의 본거지라면서 건물을 모조리 불태워 버렸대. 그런데도 학생들은 의자나 책상조차 없는 학교를 지킨다며 다 쓰러져 가

▲ 오산 학교 | 이승훈이 설립한 학교로, 유영모, 조만식 등 많은 애국지사들이 인재를 키우기 위해 힘쓴 곳이다.

는 건물에서 열심히 공부를 하고 있다니 얼마나 대단하냐?"

함석헌은 자기도 모르게 주먹을 불끈 쥐었다. 어려운 상황이라고는 하지만 오산 학교에서 이승훈과 같은 훌륭한 스승에게 가르침을 받는다고 생각하니 가슴이 뛰었다.

"제가 이곳에서 형님을 뵙고 오산 학교 이야기를 듣게 된 것은 하느님의 계시인 것 같군요. 당장 그곳으로 가겠습니다."

함석헌은 함석규와 헤어진 뒤 평안도 정주로 향했다.

오산 학교는 이름처럼 다섯 개의 산이 빙 둘러싼 산골에 자리 잡고 있었다. 3·1 운동 때 체포된 이승훈은 아직도 감옥에 있었으며 학교 건물들은 일제가 모두 불태워 버려 재만 남아 있었다. 오산 학교 학생들은 외따로 떨어진 곳에 있는 다 쓰러져 가는 초가집을 교실로 쓰고 있었다.

약 400~500명의 학생들이 바닥에 가마니를 깔고 엎드려서 공부를 했다. 그렇게 생활하다 보니 이와 벼룩이 들끓었다. 대부분의 학생들이 피부병에 시달렸으며 밤에는 온몸을 긁어 대느라 제대로 잘 수도 없었다.

'대체 이런 곳에서 어떻게 공부를 한단 말인가?'

함석헌은 미리 사정을 들었지만 막상 그 모습을 보고는 입을 다물 수가 없었다. 괜히 오산 학교를 찾아왔나 싶은 생각도 들었다. 하지만 하루가 지나고 이틀이 지나면서 이상한 생각이 들었다. 아무리 오산 학교가 유명하다 해도, 민족 교육의 요람이라 해도 환경이 그처럼 열악하면 학교를 떠나는 게 당연할 텐데 학생들은 활기가 넘쳤다. 평양고보 학생들처럼 엄숙하거나 근엄한 모습은 찾아볼 수 없었다.

오산 학교 학생들은 무슨 일이든 적극적이었다. 다들 서로 아껴 주었고 교사와 학생들 사이도 마치 삼촌과 조카처럼 가까웠다. 학생들은 토론이 벌어

열악 |제품의 품질 또는 시설 등의 수준이 매우 떨어지고 나쁜 것을 말한다.

▲ 함석헌(가운데)과 유영모(맨 오른쪽) |유영모(1890~1981년)는 교육자이자 철학자로 오산 학교 교장을 지냈다. 함석헌은 오산 학교에서 유영모의 영향을 많이 받았다.

지면 거리낌 없이 자기 의견을 밝혔다. 그래서 오전부터 시작한 토론이 밤을 꼬박 새우고 이튿날이 되어서도 끝나지 않을 때가 많았다.

그런 모습을 보게 된 함석헌은 오산 학교에 오길 정말 잘했다는 생각이 들었다.

함석헌은 오산 학교에서 기독교 사상과 민족정신을 배워 나갔다. 그러면서 서양 사상가들이 쓴 많은 책을 읽었다. 이때 읽었던 책들과 이승훈, 유영모 등의 훌륭한 스승은 이후 함석헌의 인생에 큰 영향을 주었다.

함석헌이 오산 학교에 들어갔을 당시 교장은 독립운동가이며 정치가로 존경받던 조만식이었다. 이후 오산 학교 교장으로 새로 부임한 사람은 유영모였다. 괴짜 선생님으로 소문난 유영모는 언제나 흰 모시 저고리에 흰 고무신을 신었으며 밥은 하루에 저녁 한 끼만 먹었다. 그는 늘 표정이 한결같았으며 화를 내거나 큰 소리를 내는 법이 없었고, 언제 어디서든 공손히 꿇어앉는 습관이 몸에 배어 있었다.

오산 학교 학생들은 유영모 교장에게 '철학자'라는 별명을 붙여 주었다. 유영모는 동양과 서양의 사상을 두루 강의했는데, 성경을 비롯해 중국 고대의 사상가였던 노자, 영국의 칼라일, 러시아의 톨스토이, 일본의 우치무라 등 동서고금의 사상가들 이야기를 자주 들려주고는 했다.

학생들은 유영모가 강의를 할 때면 눈을 반짝이며 귀를 기울였다. 어렵고 따분한 철학 과목을 그처럼 집중해서 들을 수 있었던 것은 그만큼 강의가 재미있고 유익했기 때문이다. 함석헌은 스승의 강의에 깊이 감동해 사상가가 되기로 결심했다.

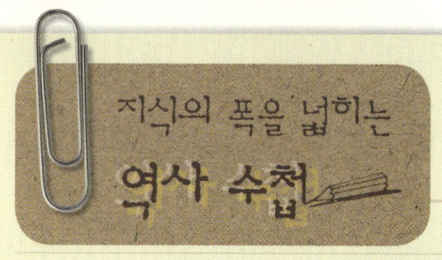

민족 지도자의 스승, 유영모

1890년 서울에서 태어난 유영모는 어려서 한학을 배운 뒤 열다섯 살 때 기독교 신자가 되었다. 경신 학교를 졸업하고 경기도 양평학교, 평안북도 정주의 오산 학교 교사로 있다가 1912년 일본으로 건너가 도쿄 물리학교에 입학했다. 그때 일본의 사상가로 존경받던 우치무라 간조의 강연을 듣고 큰 감동을 받았다. 유영모는 출세를 위해 유학하는 것은 아무런 의미가 없다고 여기고 바로 귀국해 스스로 종교 철학을 공부해 나갔다.

그 뒤 육당 최남선 등 지식인들과 교류하면서 여러 잡지에 글을 발표했으며 1921년부터 1년 동안 오산 학교의 교장으로 있었다. 이때 김교신, 함석헌 등의 제자들에게 큰 영향을 주었다. 1925년부터 35년 동안 YMCA 성경연구반 지도를 맡았으며 제자 김교신이 펴내던 《성서조선》이라는 잡지에 많은 글을 발표했는데 1942년에는 '성서조선 사건'으로 일제 경찰에 체포되기도 했다.

유영모는 러시아의 문호 톨스토이의 사상과 불교 경전, 노자의 《도덕경》 등의 영향을 받아 여러 종교를 깊이 있게 연구했으며 독특한 철학 세계를 펼쳤다. 그 결과 기독교 정신을 바탕으로 유교와 불교, 도교를 하나의 사상으로 꿰뚫어 한국적이며 세계적인 사상을 이룩한 위대한 사상가로 거듭나게 되었다.

유영모는 스무 살부터 세상을 떠날 때까지 70년 동안 날마다 냉수마찰을 했으며 하루에 한 끼만 먹었다고 한다.

일본 유학을 마치고

　　1923년, 오산 학교를 졸업한 함석헌은 전부터 계획했던 일본 유학을 떠나기로 했다. 당시 일본에서 공부하던 한국인 학생은 3000명이나 되었다. 일본이 미국이나 유럽보다 훨씬 가까운 데다 서양 문화를 가장 빨리 만날 수 있는 곳이기 때문에 많은 유학생들이 일본을 선택했다.

　　"나와 오산 학교가 자네의 유학 생활을 도와줄 테니 열심히 학업에 전념하게."

　　이승훈은 유학길에 오르는 함석헌을 격려했다. 함석헌이 오산 학교를 졸업하기 바로 전 다행히 감옥에서 풀려난 이승훈은 성적이 뛰어났던 함석헌에게 유학 생활을 돕겠다며 힘을 북돋아 주었다.

　　그때만 해도 함석헌은 도쿄의 어느 대학에 입학할지 결정을 못 하고 있었다. 게다가 대학 입학 자격을 얻기 위해서는 반드시 검정고시에 합격해야 했다.

도쿄에 도착한 함석헌은 일단 방을 구하기 위해 이곳저곳 돌아다녔다. 함석헌이 서툰 일본어로 물으면 집주인들은 다들 한결같이 되물었다.

"안녕하십니까? 이 집에 빈 방이 있다고 해서 찾아왔습니다만……."

"당신 조센징이오?"

"그렇습니다만……."

"우린 조센징에게 방을 빌려 주지 않아요."

일본인 집주인들은 한국인이 게으르고 지저분하다며 모두 거절했다. 함석헌은 방을 구하기 위해 수없이 돌아다녀야만 했다. 한번은 일본인들의 차별 대우에 화가 나 따져 묻기도 했다.

"당신네들은 일본인과 조선인이 하나(내선일체)라고 하면서 왜 우리를 차별하는 것이오?"

"우린 내선일체라는 말을 인정하지 않소. 딴 데 가서 알아보시오."

온갖 모욕을 당하며 발이 부르틀 정도로 돌아다니던 함석헌은 겨우 작은 방 한 칸을 전세로 얻을 수 있었다. 그때부터 함석헌은 부지런히 공부하며 검정고시를 준비했다.

함석헌이 일본에서 생활한 지 5개월쯤 지난 1923년 9월 1일, 일본 <u>간토 지역</u>에서 엄청난 천재지변이 일어났다. 진도 7.9의 대지진이 일어나 10만여 명이 목숨을 잃고, 집과 건물 55만 채가 불타거나 파괴되었다. 2011년 3월 11일, 일본 동북 지역에서 일어난 대지진은 진도 9.0을 기록했지만 피해 규모는 간토 대지진 때가 훨씬 컸다.

간토 대지진으로 일본은 아수라장으로 변했다. 그러자 일본 관리들과 몇몇 우익 세력은 혼란을 틈타 한국인이 집집마다 불을

간토 지역 | 도쿄를 중심으로 한 일본의 동북 지역을 말한다.

▲ **간토 대지진** |1923년 일본의 간토(관동) 지역에 대지진이 일어나자 한국인이 우물에 독을 탔다는 근거 없는 소문이 돌아 수많은 한국인이 죽임을 당했다.

지르고 우물에 독약을 탔다며 거짓 소문을 퍼뜨렸다. 거짓 소문에 흥분한 일본 청년들은 한국인들을 닥치는 대로 학살해 5000여 명의 무고한 한국인들이 목숨을 잃었다.

그 일로 함석헌도 큰 위기를 맞았다. 하루는 친구와 함께 집 근처의 가게에서 물건을 사고 돌아가는 길이었다. 함석헌과 친구는 골목에서 일본 청년들과 마주쳤다. 그들은 모두 몽둥이와 칼을 들고 있었다.

일본 청년들이 노려보며 물었다.

"이봐! 너희 조센징이지?"

일본 청년들은 금방이라도 함석헌을 찌를 기세였다. 그때 함석헌의 머릿속에는 수많은 생각이 스쳐 지나갔다.

'뭐라고 대답해야 하지? 일본인이라고 거짓말을 할까?'

한국인과 일본인은 피부색과 생김새가 비슷했기 때문에 겉으로는 잘 구분할 수가 없었다. 그렇지만 함석헌은 일본인이라고 거짓말을 하기는 싫었다.

'이를 어쩌나? 내가 한국인이라고 솔직히 대답하면 저자들이 죽이려고 할 테고, 거짓말을 하자니 내 양심이 허락하지 않고……'

함석헌이 머뭇거리는 동안 뜻밖의 일이 일어났다. 마침 근처 파출소에서 근무하던 경찰관이 호루라기를 불며 달려온 것이었다. 함석헌이 잘 아는 경찰관이었다.

"지금 뭣들 하나?"

경찰관이 묻자 일본 청년들이 우물쭈물 대답했다.

"그, 그러니까 이자들이 조센징인지 아닌지를 알아보려던 참이오."

"이 사람들은 내가 잘 알고 있는 학생들이다. 아무 죄가 없으니 그만 돌아가라."

경찰관의 말에 일본 청년들은 못마땅하다는 듯이 함석헌 일행을 노려보고는 발길을 돌렸다. 그때 함석헌은 안도의 한숨을 내쉬며 경찰관에게 감사 인사를 했다.

"고맙습니다. 덕분에 위험한 일을 피하게 되었군요."

함석헌이 인사를 한 뒤 가려고 하자 경찰관이 붙잡으며 말렸다.

"이대로 돌아가면 안 되네. 저들이 어딘가에 숨었다가 자네들을 다시 위협할 수도 있어."

"그러면 어떻게 해야 합니까?"

"우리가 보호해 줄 테니 경찰서 유치장으로 가세."

"네에?"

함석헌과 친구가 놀란 얼굴로 되물었다.

"지금 가다가 목숨을 잃을 것인지, 오늘 밤을 유치장에서 보내고 편히 살

▲ 1925년 도쿄 고등사범학교 3학년 시절의 함석헌(뒷줄 오른쪽에서 다섯 번째)과 김교신(뒷줄 오른쪽에서 네 번째)

것인지 알아서 하게."

　결국 함석헌은 경찰관을 따라가 아무 죄도 없이 유치장에 갇히는 신세가 되었다. 유치장 안은 온갖 이유로 체포된 한국인들로 발 디딜 틈이 없었다. 그게 나라를 잃은 민족이 겪는 차별 대우였고 수난이었다. 함석헌은 뜬눈으로 밤을 보내며 이런저런 생각에 잠겼다.

　이듬해인 1924년, 함석헌은 도쿄 고등사범학교에 입학했다. 문과에 들어갔던 그는 역사와 교육학을 전공했으며 평소에 관심이 있던 물리학도 함께 공부했다. 도쿄 고등사범학교에는 한국인 유학생이 50명 정도 있었다. 그런데 유학생들은 대부분 사회주의나 무정부주의에 깊이 빠져 있었다. 그들은 급진적인 사상을 독립운동의 중요한 방법으로 여겼다.

순수한 기독교 청년이었던 함석헌은 고민에 빠졌다. 사회주의나 공산주의가 무신론을 주장했기 때문이다. 무신론이란 '이 세상에 신은 없다, 따라서 종교 따위는 믿을 필요가 없다.'는 주장이었다.

'저들은 나라를 해방시키려면 혁명밖에는 길이 없고 혁명을 한다면 사회주의 혁명밖에 없다고 주장한다. 그렇다면 기독교를 통해서는 정말 우리 민족을 구할 수 없는 것일까?'

함석헌은 오랫동안 고민했지만 이렇다 할 결론을 내리지 못했다. 함석헌은 당시의 심정을 다음처럼 기록했다.

그러나 그렇다고 내 신앙을 버리고 도덕이니 인도주의니 하는 것은 전혀 무시해 버리는 사회주의에 들어갈 수는 차마 없었습니다. 나는 이러지도 저러지도 못했습니다. …… 나는 오래 고민했습니다.

이때 함석헌은 평생 동안 우정을 나누게 된 친구 김교신을 만났다. 김교신은 함석헌과 나이가 같았지만 함석헌보다 2년 먼저 입학해 같은 대학 영문과에 다니고 있었다. 둘은 서로 뜻이 잘 맞아 친하게 지냈다.

"내가 우치무라 간조 선생이 이끄는 성경 공부 모임에 참석하고 있는데 자네도 가 보겠나?"

김교신의 말에 함석헌은 호기심이 일었다. 우치무라에 대해서는 오산 학교를 다닐 때 자주 들었기 때문이다. 우치무라는 기독교 사상가이며 비평가로 명성이 높았다. 1905년에는 일본이 일으킨 러일 전쟁에 반대했고, 일본인들에게 살아 있는 신으로 추앙받는 천황의 초상화에 경배하는 걸 거부했다. 그 일로 일본 제국주의자들은 우치무라를 '반역자'라며 비판했다. 또한 우치

무라는 교회에 다니지 않더라도 열심히 기도하고 《성경》을 읽으면 구원받을 수 있다고 했다. 그러한 우치무라의 주장은 훗날 '무교회 운동'으로 발전되었다.

우치무라의 강의를 들으면서 함석헌은 차츰 무교회 운동에 관심을 갖기 시작했다. 우치무라는 예수와 자신의 조국인 일본을 모두 사랑한다는 말을 자주 했는데 이런 사상은 함석헌에게도 영향을 주었다.

'우치무라 선생님은 예수님을 따르는 일과 민족을 사랑하는 마음이 서로 다르지 않다고 했어. 그 말처럼 종교와 민족 중 어느 한 가지를 버릴 게 아니라 모두 끌어안는 게 참된 신앙인이 아닐까?'

함석헌은 비로소 사회주의와 기독교 신앙 사이에서 생긴 고민이 사라지는 것을 느꼈다. 함석헌은 그 후로도 우치무라의 강의를 들으며 기독교에 대한 올바른 길을 찾아 나갔다. 그것은 함석헌이 도쿄 고등사

범학교에서 배웠던 그 어떤 학문보다 값진 것이었다.

함석헌은 1928년 유학 생활을 마치고 한국으로 돌아왔다. 그리고 오산 학교 교장으로 있던 이승훈의 부탁을 받고 오산 학교에서 역사와 일반 윤리 과목을 가르쳤다.

당시 오산 학교는 본래의 모습을 되찾고 있었다. 건물들이 새로 지어졌고 책상과 걸상을 갖춘 번듯한 교실이 만들어졌다. 학생들은 더 이상 가마니 위에 쪼그려 앉지 않았고 이와 벼룩에 시달리지 않았다. 모두 이승훈의 노력 덕분이었다.

함석헌보다 1년 먼저 귀국한 김교신은 〈성서조선〉이란 잡지를 창간했다. 〈성서조선〉은 두 달에 한 번씩 발행되었고, 독자가 300명 안팎이었지만 기독교 청년과 지식인들 사이에서는 의미 있는 잡지였다. 함석헌은 이 잡지의 편집을 도왔으며 틈틈이 글을 써서 발표하기도 했다.

이처럼 오산 학교 교사이며 〈성서조선〉의 편집자로 바쁘게 지내던 함석헌은 차츰 일제 경찰의 감시를 받게 되었다. 함석헌은 학교에서나 집에서나 한글 쓰기를 고집했고, 역사 시간에는 학생들에게 한민족의 얼과 문화를 일깨워 주는 데 힘썼다. 그러자 어려서부터 일본어를 '국어'로 알던 오산 학교 신입생들은 혼란스러워했다.

"선생님은 왜 조선말만 쓰십니까?

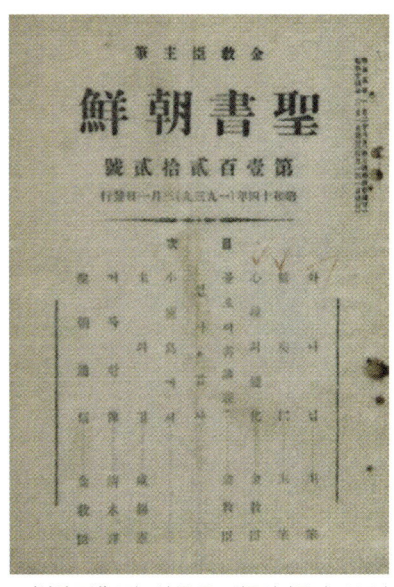

▲ 〈성서조선〉 | 김교신 등 무교회주의자들이 1927년 창간한 기독교 잡지. 함석헌은 잡지의 편집을 돕고 직접 쓴 글을 발표하기도 했다.

조선 총독부 관리들이 알면 우리 학교가 위험해질 텐데요."

학생들의 질문에 함석헌이 대답했다.

"조선 사람이 조선말을 쓰는 게 당연하지 않느냐? 언어는 그 민족의 얼굴이고 정신이야. 빼앗긴 나라는 되찾을 수 있지만 언어를 잃으면 다시 찾기는 힘들어. 그러니 우리라도 조선의 말과 글을 지켜야지."

이처럼 함석헌이 우리말과 우리글을 고집하자 일제 경찰의 감시는 더욱 심해졌다.

1931년경, 만주를 점령한 일제는 한반도를 군사 기지로 만들어 중국 대륙을 공격할 준비를 해 나갔다. 게다가 그 무렵 이봉창이 도쿄에서 일본 천황을 암살하려다가 체포되었고, 몇 달 뒤에는 윤봉길의 상하이 의거가 일어났다. 그러자 일제는 나라 안팎의 지식인과 애국지사들을 더욱 철저히 감시하고 탄압했다.

한번은 함석헌의 집에 오산 학교 후배 두 명이 머문 적이 있었다. 그들은 공산주의 독서회 회원이었는데 그들이 돌아간 뒤 일본 헌병들이 들이닥쳐 함석헌을 체포했다. 일본 헌병대로 끌려간 함석헌은 온몸이 묶인 채 소가죽 채찍으로 매를 맞았다.

"대체 왜 이러는 것이냐?"

함석헌이 소리쳤지만 일본 헌병들은 아무 대꾸도 없이 무작정 때리기만 했다. 이튿날 날이 밝도록 영문도 모른 채 채찍을 맞고 함석헌은 몸이 만신창이가 되었다. 온몸의 살점이 떨어져 나가 피가 흐르는, 차마 눈뜨고는 볼 수 없는 상태였다.

일본 헌병들은 그제야 함석헌에게 말했다.

"네가 공산주의자라는 정보가 들어왔다. 사실대로 말해라."

"난 공산주의에 관심이 없다. 난 하느님을 믿고 우리 민족을 아끼는 사람일 뿐이다. 어서 날 풀어 줘라."

함석헌이 항변했지만 일본 헌병들은 막무가내였다.

"조사가 모두 끝날 때까지 석방시킬 수 없다."

결국 함석헌은 일주일 동안 갇혔다가 풀려났다. 그사이 일본 헌병대는 함석헌의 집과 학교 등을 이 잡듯이 뒤졌지만 그가 공산주의 활동을 했다는 증거는 단 하나도 찾지 못했다.

일제는 3·1 운동이 일어나고 3년이 지난 1922년, 조선사편수회라는 기관을 만들었다. 이 기관은 한국의 역사를 정리해 《조선사》라는 35권에 이르는 책을 펴내기 위해 조직된 것이었다. 조선사편수회에 몸담았던 사람들은 당시 아시아 최고의 대학으로 손꼽히던 도쿄 제국대학 출신들이었다. 언론인이며 학자로 3·1 운동에 앞장섰던 최남선이 친일파로 손가락질을 받게 된 것도 그가 조선사편수회에서 일하면서부터였다.

한국의 역사를 일본의 최고 지식인들이 정리하고 편찬한 까닭은 무엇이었을까? 그것은 바로 우리 역사를 왜곡해 한민족의 얼과 문화, 전통을 없애기 위해서였다.

조선사편수회는 실제 있었던 역사 사실도 왜곡했다. 그리하여 한국인은 본래 다른 나라에 의존해 왔으며 게으르다, 한국인은 스스로 나라를 운영해 나갈 능력이 없으므로 일본의 통치를 받아야 한다는 거짓 논리를 퍼뜨렸다. 이렇게 일본인 학자들이 왜곡한 역사관을 '식민 사관'이라고 부른다.

대표적인 식민 사관으로 '신라정복설'과 '임나일본부설'이 있다. 신라정복설은 고대 일본의 왕비였던 신공 왕후가 신라를 정복했다는 주장이며, 임나일본부설은 일본인이 한반도 남쪽에 통치 기관을 만들어 한동안 다스렸다는 주장이다.

그런데 신라를 정복했다는 신공 왕후는 실제 인물이 아니라 전설 속에 등장하는 인물이다. 단군 신화에 등장하는 웅녀가 동굴 속에서 쑥과 마늘을 먹고 사람이 되었다는 것을 실제의 일로 생각하는 사람은 없을 것이다. 신공 왕후도 웅녀와 같은 신화 속의 인물이다.

임나일본부설도 마찬가지이다. 임나일본부가 있었다는 4~6세기 무렵에는 '일본'이란 이름조차 없었다. 당시 일본은 수십 개의 작은 나라들이 서로 세력을 다투었는데 그들을 통틀어 '왜국' 또는 '왜인'이라 불렀다. 일본이라는 이름이 쓰인 것은 8~9세기 무렵부터였다. 따라서 신라정복설, 임나일본부설은 모두 거짓 이론이었다.

이처럼 조선사편수회는 거짓으로 우리 역사를 왜곡하고 한국과 일본은 본래 같은 조상에서 출발했다거나 한국인에게는 자율성이 없으므로 일본이 지배하는 게 당연하다는 논리를 폈다.

반면에 이런 어처구니없는 주장에 맞서 우리 민족의 우수함과 우리 역사가 자주적으로 발전했다는 걸 강조하는 학자들도 있었다. 이들을 민족 사학자라고 부르는데 대표적으로 신채호, 박은식, 문일평을 들 수 있다. 일부 민족 사학자들은 우리 역사를 지나치게 과장하기도 했다.

함석헌은 역사학자는 아니었지만 일본에서 역사를 전공했고, 오산 학교에서 역사를 가르치고 있었기 때문에 한국사에 관심이 많았다. 그는 조선사편수회의 식민 사관은 말할 것도 없고 민족 사학자들의 주장도 옳지 않다고 여

겼다. 그래서 나중에는 또 다른 시각으로 우리 역사를 정리해 《성서적 입장에서 본 조선 역사》라는 책을 펴내기도 했다. 기독교인이던 함석헌은 이 책을 통해 일제의 식민 사관에 반대하면서, 우리 민족이 수없이 침략을 받았지만 자부심을 가지고 미래를 준비해 나가야 한다고 주장했다.

이처럼 함석헌이 오산 학교에서 다양한 활동을 펼치고 있던 1931년 5월 9일, 이승훈이 세상을 떠났다. 함석헌은 어둠을 밝히던 촛불이 갑자기 꺼진 것처럼 막막하고 매우 슬펐다.

죽기 전 이승훈은 충격적인 유언을 남겼다.

"내 시신은 땅에 묻지 말고 학생들의 생물 표본으로 쓰게 하시오."

그때만 해도 한국의 의학과 생물학은 걸음마 수준이었다. 이승훈은 그 분야를 조금이라도 발전시키기 위해 이런 유언을 남긴 것이다. 하지만 일제의 탄압으로 이승훈의 유언은 지켜지지 못했다.

함석헌은 민족을 사랑한 이승훈의 가르침을 이어받아 더욱 열심히 학생들을 가르쳤다.

1937년, 일제는 중국 대륙을 정복할 목적으로 중일 전쟁을 일으켰다. 그러면서 황국 신민화 정책을 폈다. 한국인들에게 신사 참배를 강요했으며 행사를 열 때면 천황이 있는 동쪽을 향해 절을 하게 했다. 그리고 창씨개명과 황국 신민 서사를 외우도록 강요했고 한글 사용을 완전히 금지시켰다. 수십만 명의 젊은이를 전쟁터로 끌고 가거나 강제 노역을 시켰고 일부 여성들은 '위안부'로 만들어 일본군의 성 노예로 만들었다.

오직 하느님만 섬기는 기독교인들과 그들이 세운 학교들은 신사 참배 등

일본의 요구를 거부했다. 그 결과 1945년까지 200여 개의 학교가 문을 닫았으며 목회자 70여 명과 기독교인 2000여 명이 감옥에 갇혔다. 이때 체포된 목회자들 중 50여 명은 심한 고문을 견디지 못하고 목숨을 잃기도 했다.

1938년에는 함석헌이 있던 오산 학교에도 일제의 명령이 떨어졌다.

"지금부터 학교와 모든 교육 기관에서는 조선어 사용을 금지한다. 또한 조선사도 가르쳐서는 안 된다. 국어(일본어)와 국사(일본사)만 가르쳐야 한다."

함석헌은 깊이 탄식했다. 일본어로 일본사를 가르치느니 차라리 교사 생활을 그만두기로 결심했다. 결국 함석헌은 정들었던 제자들과 10년 동안 몸 담았던 오산 학교를 떠나 그곳에서 멀지 않은 곳에서 농사를 지으며 사는 삶을 택했다.

목회자 | 교회를 맡아 설교하거나 신자의 신앙생활을 지도하는 등의 활동을 하는 목사, 전도사 등을 말한다.

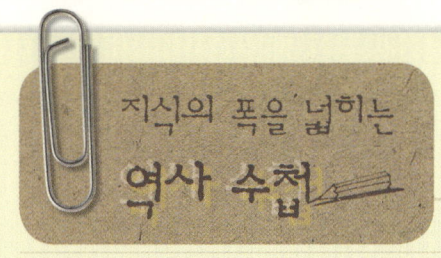

《일본서기》와 신공 왕후

《일본서기》는 일본의 고대 역사를 담은 역사책이다. 8세기 무렵, 일본의 역사가들이 40년에 걸쳐 완성한 것으로, 대부분 사실과 다른 신화와 허무맹랑한 이야기들로 이루어졌다.

일본인들이 자랑스럽게 말하는 신공 왕후 이야기도 이 책에 나온다. 《일본서기》에 따르면 신공 왕후는 일본 고대의 왕이던 응신왕의 어머니였다. 그런데 응신왕이 태어나기도 전에 남편 중애왕이 죽자 그를 대신해 일본을 다스리게 되었다. 신공 왕후는 서기 209년, 임신한 채 군사들을 이끌고 신라를 정복했으며 이때 신라의 왕은 벌벌 떨면서 신공 왕후에게 항복했고 해마다 조공을 바치겠다고 약속했다고 한다.

이런 기록들은 《일본서기》를 편찬한 역사가들이 머리를 맞대고 끼워 맞춘 이야기일 뿐 실제 역사와는 전혀 다르다. 그래서 일본의 양심 있는 학자들은 《일본서기》를 역사책으로 여기지 않으며, 특히 신공 왕후를 비롯한 일본 고대의 왕들도 모두 가공의 인물이라고 생각한다.

그런데도 일제 강점기의 조선사편수회는 신공 왕후가 신라를 정복했고, 일본이 한반도 남쪽에 임나일본부를 설치했다고 주장하며 역사를 왜곡했다.

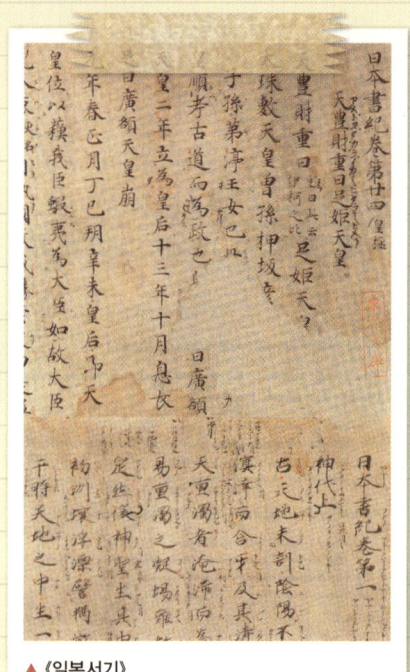
▲ 《일본서기》

(반복되는 감옥살이와 시련)

　　함석헌은 오산 학교에서 멀지 않은 곳의 과수원에서 농사를 짓기 시작했다. 농사를 지어 본 경험이 없어서 처음에는 힘들어 했지만 차츰 땅을 가꾸는 일에 재미를 느꼈다.

　　그런데 과수원을 운영해 나가던 중 어린 두 딸을 홍역으로 한꺼번에 잃고 말았다. 오늘날에는 홍역에 걸린다 해도 쉽게 치료할 수 있지만 당시만 해도 홍역은 무서운 돌림병이었고 약을 구하기도 어려웠다.

　　그처럼 가슴 아픈 일을 겪으며 2년 동안 과수원 일에만 몰두하던 함석헌은 1940년 3월, 후배인 김두혁의 연락을 받고 평양 근교로 갔다.

　　"제가 송산 농사 학원을 운영해 왔는데 도쿄로 유학을 가게 되었습니다. 그러니 선배님께서 학원을 경영하고 관리해 주셨으면 합니다."

　　김두혁의 농사 학원은 규모가 꽤 컸으며 농사를 배우는 학생들이 13명 정

도 있었다. 함석헌은 기꺼이 청을 받아들여 농사 학원에서 학생들을 가르치며 경영과 관리도 맡았다. 매일 아침 학생들에게 《성경》과 한글, 한국사를 가르치고 오후에는 함께 농사를 지으며 학원을 운영해 나갔다.

그러던 어느 날, 함석헌에게 큰 위기가 닥쳤다. 그가 농사 학원을 꾸려 나간 지 다섯 달 쯤 지난 8월, 일본 헌병들이 들이닥쳤다.

"당신이 함석헌인가?"

"그렇다. 무슨 일이냐?"

"잔말 말고 헌병대로 가자."

함석헌은 영문도 모른 채 헌병대로 끌려갔다. 헌병들이 그를 의자에 묶어 놓고 물었다.

"송산 농사 학원의 주인인 김두혁과 어떤 사이인가?"

"아는 후배다."

"그자가 공산주의 활동을 하다가 일본에서 체포되었다."

"그게 나와 무슨 관계가 있나?"

함석헌이 어이없다는 표정으로 물었다.

"당신은 창씨개명을 하지도 않았고 학생들에게 조선말과 조선의 역사를 가르쳤다던데? 게다가 김두혁의 선배니까 그자처럼 공산주의 활동을 하는 게 분명하다."

"내가 창씨개명을 하지 않은 것은 사실이다. 학생들에게 조선말과 조선의 역사를 가르친 것도 사실이다. 아이들에게 《성경》도 가르치고 있다. 그건 내가 어려서부터 기독교를 믿어 왔기 때문이다. 하지만 공산주의 활동을 했다니 그게 무슨 모함인가? 공산주의는 무신론을 주장하고 있는데, 어려서부터 기독교 신앙을 가진 내가 어떻게 공산주의 활동을 한단 말인가?"

▲ 창씨개명을 하기 위해 경성부청(지금의 서울시청) 호적과 앞에 늘어선 사람들

　함석헌이 이렇게 따졌지만 일본 헌병들은 그가 민족주의자이면서 공산주의 활동을 해 왔다며 재판에 넘겼다. 함석헌은 1년 형을 선고받고 감옥에 갇히게 되었고, 송산 농사 학원은 결국 문을 닫게 되었다. 소식을 들은 함석헌의 아내 황득순은 충격을 받아 기절했고, 자녀들과 제자들은 서로 부둥켜안고 슬피 울었다.
　함석헌은 감옥에 갇히고 반년 정도 지난 뒤 김두혁이 체포된 이유를 알게 되었다.
　김두혁은 도쿄 농대에 입학한 지 얼마 지나지 않아 한국인 유학생 선배들의 졸업식 환송회에 참석했다. 유학생들이 흥겹고도 아쉬운 시간을 보내고 있을 때 그들을 감시하던 경찰이 소리를 질렀다.

"이봐, 조센징들! 왜 여기서 조선말을 쓰나?"

그 말에 유학생들이 반발했다.

"조선 사람이 조선말을 쓰는 게 잘못인가? 당신, 너무 심한 거 아냐?"

그러자 경찰은 급히 동료들을 불러 한국인 유학생들을 모조리 체포해 한 달 동안 감옥에 가뒀다. 그중 김두혁을 비롯한 오산 학교 출신 학생들에게는 농민들을 부추겨 독립운동과 공산주의 활동을 했다는 누명을 씌워 따로 가두었다. 그 일로 평소 일제 경찰에게 눈엣가시와 같았던 함석헌도 누명을 쓰고 감옥살이를 하게 된 것이었다.

1년 만에 풀려난 함석헌은 눈앞이 캄캄했다. 이미 문을 닫은 농장 안에는 잡초만 하늘 높은 줄 모르고 자라 있었으며, 부인과 아이들은 생계를 꾸려 나가느라 빚에 허덕이고 있었다. 마땅히 할 일도 없고 갈 곳도 없자 함석헌은 생계를 위해 고향으로 돌아가 다시 농사를 짓기 시작했다. 하지만 함석헌의 수난은 거기서 그치지 않았다.

1942년 3월, 함석헌이 참여하던 잡지 〈성서조선〉이 강제로 폐간되었다. 뿐만 아니라 함석헌, 김교신 등 13명의 편집인을 비롯해 몇백 명에 이르는 〈성서조선〉의 독자들까지 모두 체포되어 서울 서대문 형무소에 갇혔다.

그 무렵, 일제는 중일 전쟁에서 패배하자 동남아시아로 눈길을 돌렸다. 그러고는 태평양 전쟁을 일으켜 연합군과 싸움을 벌였다. 전쟁 물자와 병력이 부족해진 일제는 한국, 타이완 등의 식민지 청년과 학생들을 강제로 전쟁터로 내몰았다. 그런 때여서 일제의 정책에 따르지 않는 언론사, 사회단체 등은 아예 뿌리를 뽑겠다는 기세였다. 함석헌, 김교신 등이 어렵게 꾸려 나가던 〈성서조선〉도 그런 이유로 폐간되고 말았다.

더구나 일제는 〈성서조선〉의 편집인들뿐 아니라 독자까지도 감옥에 가두었다. 언론사의 발행인, 편집인 또는 필자가 탄압받는 경우는 많았지만 독자까지 한꺼번에 감옥에 갇히는 일은 드물었다. 그만큼 일제가 다급해졌다는 것을 보여 주는 일이었다.

다시 감옥살이를 하게 된 함석헌은 할 말을 잃었지만 좌절하지 않았다. 그는 감옥을 '인생 학교'로 여기고 날마다 책을 읽으며 지냈다. 그동안 수많은 책을 읽고 글을 써 왔지만 더욱 깊이 공부하고 싶은 분야가 많았고 그만큼 읽고 싶은 책들도 많았다. 그래서 함석헌은 감옥에서도 손에서 책을 내려놓지 않았다.

당시 함석헌은 존 러스킨, 톨스토이 등 서양 사상가들의 책뿐 아니라 중국의 고대 사상가였던 노자와 장자의 책들을 비롯해 《금강경》, 《법화경》 같은 불교의 경전까지 읽었다. 그리고 불교나 기독교의 가르침이 결국 하나라는 것을 깨달았다. 이렇게 동양과 서양의 여러 경전들을 읽으면서 함석헌의 사상의 폭은 더욱 넓어졌다.

하지만 걸핏하면 억울한 누명을 쓰고 감옥살이를 하는 바람에 함석헌의 집안 살림은 날이 갈수록 어려워졌고 이웃 사람들은 함석헌과 마주치는 걸 꺼렸다.

"저 사람은 감옥을 밥 먹듯이 들락거리니 아예 이야기도 나누지 말게."

"독립운동을 하다가 일본 놈들에게 미운털이 박힌 거라던데?"

"아무튼 옥살이를 했으니 꺼림칙하지 않은가. 저런 사람과 가깝게 지내다가는 우리도 봉변을 당할 거야."

이웃 사람들은 함석헌이 보이면 이렇게 수군거렸다. 함석헌은 그런 사정을 알고 더욱 조심스럽게 행동했다.

▲ **광복 이후 출옥한 애국지사들** |광복이 되어 서대문 형무소에서 풀려난 애국지사들이 만세를 외치고 있다.

　그렇게 한국인들을 탄압하던 일제가 1945년 8월 15일, 무조건 항복 선언을 하자 한국인들은 거리로 쏟아져 나와 일제의 지배에서 벗어난 것을 기뻐하며 만세를 외쳤다. 하지만 기쁨도 잠시뿐 한반도는 38도선을 중심으로 남한과 북한으로 나뉘어 남한은 미국, 북한은 소련에게 각각 점령당했다.

　소련군은 1945년 8월 24일, 평양으로 들어와 북한 지역에 군정을 펴겠다고 선언했다. 이때 김일성 등 소련에 머물던 3만여 명의 한국인들도 소련군을 따라 돌아왔다. 그들은 대부분 공산주의 세력이었다. 소련군은 그들을 중심으로 북한 전체를 공산주의 국가로 만들어 나갔다. 그러자 일제 강점기에 북한에서 큰 세력을 이루었던 기독교인들과 민족주의자 또는 민주주의 세력은 위협을 느꼈다.

그러던 1945년 11월 23일, 신의주 지역에서 학생 의거가 일어났다. 신의주 지역의 학생과 시민 3500여 명이 소련과 공산주의에 반대해 시위를 벌인 것이었다. 소련군과 김일성을 비롯한 공산주의 세력은 시위 학생들을 무력으로 탄압했는데 이때 23명이 숨졌고 700여 명이 크게 다쳤다.

이보다 조금 앞서 함석헌은 소련 군정으로부터 평안북도 지역의 문교부장을 맡아 달라는 요청을 받았다. 몇 번이나 거절했으나 여러 사람이 자꾸 권유해 함석헌은 억지로 문교부장을 맡았다. 그로부터 얼마 뒤 신의주 학생 의거가 일어난 것이었다. 수많은 학생이 총에 맞아 숨졌으며 그보다 더 많은 학생들이 죽어 간다는 소식을 듣고 함석헌은 인민위원회 사무실로 달려갔다. 그때 소련 군인들이 나타나 함석헌을 총으로 위협하더니 소련 말로 소리쳤다. 함석헌에게는 그 말이 '네가 신의주 학생 의거의 주동자냐?'라는 말처럼 들렸다.

소련 군인들은 갑자기 함석헌의 옷을 찢으면서 뭇매를 때리기 시작했다. 그때 누군가 총의 개머리판으로 함석헌의 뒤통수를 세게 쳐서 함석헌은 정신을 잃고 말았다.

함석헌이 다시 깨어난 곳은 어두운 감옥 안이었다. 함석헌은 자신의 인생이 서글펐고 한편으로는 기가 막혔다. 일제 강점기에는 나라와 민족을 사랑했다는 이유와 독립운동을 했다는 이유로 감옥에 갇혔는데, 광복이 되고서는 공산주의를 반대했다는 이유로 다시 감옥에 갇히는 처지가 되고 말았다. 함석헌은 갑자기 어머니의 따뜻한 품이 그리워졌다. 함석헌은 어머니의 한결같은 사랑을 떠올리며 처음으로 시를 썼다.

옥창에 해 기울어 오늘도 다 갔구나
기다리는 어머님 몇 번을 속으셨노

낙엽에 놀라시는 양 뵈옵는 듯하여라

(……)

천사 날개 가졌으면 이 밤엔 못 가 볼까
잠 못 자고 울어 비는 어머니 앞 날아가서
가만히 숙인 그 머리를 덮어 드려 보련만

– 함석헌의 시 〈어머니〉 중에서

함석헌은 이때부터 틈틈이 쓰기 시작한 시를 모아 나중에 《수평선 너머》라는 시집을 펴내기도 했다.

함석헌은 50일 동안 감옥에 갇혔다가 이듬해인 1946년 1월에 풀려났다. 소련군은 함석헌이 신의주 학생 의거를 일으킨 주범이라고 여기고 함석헌의 집 안팎을 샅샅이 조사했다. 하지만 수십 일 동안 뒤져도 증거가 나오지 않자 하는 수 없이 함석헌을 풀어 준 것이었다.

함석헌은 감옥에서 풀려난 뒤 부모님으로부터 물려받은 땅을 일궈서라도 가족들의 생계를 이어 갈 작정이었다. 하지만 시련은 끝나지 않았다.

소련 군정과 김일성은 1946년 2월 북조선임시인민위원회를 조직했다. 북조선임시인민위원회는 북한 지역의 산업을 국유화했으며 모든 토지를 빼앗아 국가가 평등하게 분배하는 토지 개혁을 시작했다. 이때부터 북한에서는 본격적으로 공산주의 체제가 시작되었다.

많은 땅과 재산을 가진 사람들은 조상으로부터 물려받았거나 자기가 열심히 노력해 마련한 토지와 재산을 아무 대가도 없이 빼앗기는 게 죽기보다 싫

국유화 | 산업 시설이나 토지 등을 나라의 소유로 만드는 것을 말한다.

었을 것이다. 그러나 김일성에게 저항했다가는 탄압을 받거나 목숨을 잃을 수도 있었다. 이때 수많은 사람이 민주주의와 자본주의를 찾아 몰래 38도선을 넘어 남한으로 내려왔다.

함석헌도 물려받은 땅을 빼앗길 처지가 되었다. 그가 살던 마을 인민위원회 사람들은 그 일을 두고 논쟁을 벌였다.

"함석헌이란 사람은 일제 시대에 독립운동을 하다가 수없이 감옥살이를 하지 않았소? 그러니 농사를 지어 가족을 먹여 살릴 만큼의 땅은 남겨 주는 게 옳소."

"그건 안 될 말이오. 제아무리 독립운동을 했더라도 공산당을 반대했으니 땅을 모두 빼앗는 게 옳소."

마을 인민위원회 사람들은 옥신각신 다투다 결국 그 문제를 평안북도 인민위원회로 넘겼다.

얼마 뒤 평안북도 인민위원회에서 결정이 내려졌다.

"함석헌이 진정한 애국자라면 어찌 그 넓은 땅을 가질 수 있는가. 땅을 모두 몰수하라."

함석헌은 땅을 모두 빼앗기고 거리에 나앉을 처지가 되었다. 당시에는 그처럼 토지를 빼앗긴 사람이 수없이 많았다. 심지어 살던 집까지 빼앗긴 사람도 셀 수 없을 정도였다.

'이게 공산주의란 말인가?'

함석헌은 공산주의의 냉정하면서도 인간적이지 못한 모습에 혀를 찼다. 사람은 누구나 열심히 일해 가족의 생계를 책임지며 저축한 돈으로 자기 재산을 가질 수 있어야 했다. 그것은 수만 년 동안 인류에게 이어졌던 본능과도 같은 것이었다. 그런데 개인의 재산을 인정하지 않고 모든 집과 토지를 국

몰수 | 물건이나 재산을 강제로 빼앗는 것을 말한다.

가가 가진다면 누가 열심히 일할 마음이 생기겠는가? 집과 땅이 없던 사람들은 부자들이 재산을 빼앗기고 알거지가 된 것을 반겼겠지만 그렇다고 그런 재산이 가난한 사람들의 차지가 되는 건 아니었다. 가난한 사람들은 나라의 땅을 열심히 일궈 생산품을 공평하게 나눠 가질 뿐이었다. 하지만 열심히 일한 사람들이 빈둥빈둥 시간을 보낸 사람들과 같은 대우를 받는다면 누가 열심히 일을 하려고 하겠는가? 이것이 공산주의의 큰 모순이었다.

함석헌이 토지를 모두 빼앗긴 뒤 살길이 막막해져서 가족들의 생계를 고민하고 있을 때 평안도 최고인민회의에서 그를 불렀다.

"함석헌 선생, 김일성대학 사회학부에서 강의를 맡을 생각이 없소?"

이때 함석헌은 망설임 없이 대답했다.

"나는 역사와 동양 철학은 조금 알지만 공산주의에 대해서는 잘 모르는 사람이오. 그런 내가 어떻게 김일성대학에서 강의할 수가 있겠소? 말씀은 고맙지만 사양하리다."

함석헌이 이렇게 말하고 집으로 돌아가자 인민위원회는 계속 함석헌을 괴롭혔다. 한번은 남한으로 내려가 이승만, 김구와 같은 정치 지도자들이 어떤 생각을 하며 무슨 일을 하고 있는지 알아 오라는 명령도 내렸다. 한마디로 간첩 노릇을 하라는 뜻이었다.

함석헌이 또 거절하자 소련 군정과 인민위원회는 1946년 12월 24일, 다시 함석헌을 체포했다가 한 달 뒤인 1947년 1월에 풀어 주었다. 이때 함석헌은 감옥에서 날마다 모진 매를 맞았다.

함석헌은 더 이상 북한에서 살아가는 것은 힘들다고 판단했다. 자유롭게 살려면 남한으로 내려가는 수밖에 없었다. 그 무렵에는 민주주의를 찾아 월남하는 사람들이 제법 많았다. 함석헌도 월남하기로 결심했다. 하지만 자칫 잘못하면 38도선을 넘기도 전에 총에 맞아 죽을 수도 있었다. 그래서 가족

김일성대학 | 오늘날의 김일성종합대학. 1946년 10월 1일에 문을 열었다.

월남 | 북한에서 남한으로 내려오는 것을 말한다.

들을 데리고 한꺼번에 월남하는 건 위험하다고 여기고 혼자 내려가 남한에서 살길을 마련한 다음 가족들을 부르기로 했다.

1947년 2월 26일 새벽, 가족들에게 작별 인사를 건넨 함석헌은 남한을 향해 걷고 또 걸어서 20일 만에 서울에 도착했다. 하지만 갈 곳이 없어 막막한 심정으로 서울 거리를 헤매던 함석헌은 우연히 도쿄 고등사범학교 때 친구를 만났다. 함석헌은 친구의 도움으로 서울 YMCA 강당을 비롯한 남한 곳곳을 다니며 《성경》을 강의하거나 새벽 기도회를 열었다.

그로부터 1년 뒤, 함석헌의 부인과 자녀 몇몇은 가까스로 월남해 드디어 가족들이 다시 모이게 되었다. 하지만 어머니와 장남, 장녀 세 사람은 끝내 남한으로 오지 못해 함석헌은 두 번 다시 그들을 만나지 못했다.

이처럼 광복 후부터 6·25 전쟁 때까지 수많은 사람들이 월남하거나 또는 북한으로 납치되어 남한과 북한으로 흩어진 이산가족은 1000만 명이 넘었다.

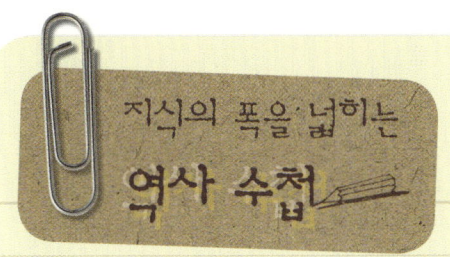

이산가족 상봉 행사

남한과 북한으로 분단되어 생긴 이산가족들은 민족의 분단이 얼마나 큰 비극인지를 잘 보여 준다. 남한과 북한은 오랫동안 등을 돌리고 있다가 1970년대 초반부터 비로소 대화를 시작했다. 이때 남한 적십자사는 이산가족들이 서로 만날 수 있는 행사를 열자고 북한 적십자사에 제의했지만 뜻대로 이뤄지지 않았다.

그러다 1985년에 '남북 이산가족 고향 방문단 및 예술 공연단' 행사가 열려 남한 35명, 북한 30명의 이산가족이 처음으로 만났다. 그로부터 15년이 지난 2000년 8월, 남한과 북한은 '6·15 남북공동선언'에 따라 이산가족 방문단 교환, 생사 및 주소 확인, 서신 교환 등을 추진하자고 뜻을 모았다. 그리고 같은 해 8월, 제1차 이산가족 방문단 교환이 이뤄졌으며 제4차 상봉 때부터는 금강산에서 이산가족 상봉 행사가 열렸다.

2011년까지 남북 이산가족 상봉 행사는 모두 17회 있었으며, 2005년부터는 화상을 통한 상봉 행사도 이뤄졌다. 하지만 헤어진 가족들이 늙거나 세상을 떠난 경우가 많았고, 한 번의 상봉 행사 때 수십 명에서 200여 명만 참석할 수 있어서 많은 아쉬움을 남기고 있다. 많은 이산가족들이 당장 통일이 되지 않더라도 서로 마음껏 만나고 교류할 수 있는 길이 열리길 바라고 있다.

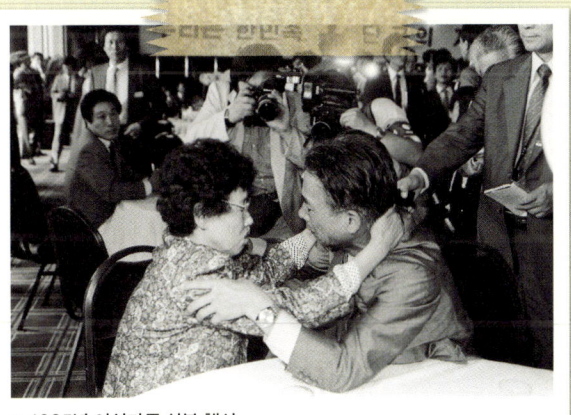

▲ 1985년 이산가족 상봉 행사

(민주주의를 외친 4·19 혁명)

함석헌은 민주주의를 찾아 남한으로 내려왔지만 기독교인들과 이승만 정부에 차츰 실망하게 되었다. 기독교 장로였던 이승만 대통령은 날이 갈수록 권력에 욕심을 냈고 독재 정치를 폈다. 게다가 이승만 대통령 주변에 있던 사람들도 대부분 기독교인이었다. 부통령 이기붕과 국회 의장도 기독교인이었으며 국회 의원 중에도 기독교인이 많았다.

이승만 대통령과 자유당 사람들은 전국의 기독교인들을 독재 정치에 이용했다. 기독교인들은 다른 종교를 믿는 사람들에 비해 많은 혜택을 받았으며 심지어 신학교에 다니는 학생들은 군대를 가지 않아도 되는 특권을 누렸다. 그러다 보니 많은 기독교인이 이승만 정부의 장기 독재에 협조했다.

함석헌은 시와 선언문 등을 통해 기독교인들의 잘못을 꾸짖고, 자신은 어느 종교, 어떤 종파에도 속하지 않겠다고 밝혔다. 어려서부터 기독교를 굳게 믿었고 남한으로 넘어온 뒤에도 《성경》을 강의하던 함석헌이 그런 선언을 하자 기독교인들은 그를 '이단자'라며 비판했다.

하지만 함석헌은 어떤 비판에도 굴하지 않고 당당히 맞섰다.

> 교회당 탑이 하나 일어설 때 민중의 양심에는 어두운 그림자가 한 치 깊어 간다. 그렇기에 '예수 믿으시오.' 하면 '예수도 돈 있어야 믿겠습니다.' 한다. …… 신라 말에 절이 성하여 불교가 망했고, 고려 시대에 송도(개경) 안에 절이 수백을 셌는데 그 후 불교도 나라도 망했고, 조선 때 서원을 골짜기마다, 향교를 고을마다 지었는데 유교와 나라가 또 같이 망했다. …… 그럼 교회당이 늘어나면 망할 것은 누구인가?

함석헌이 이처럼 역사를 예로 들며 교회를 비판한 것은 이승만 정권을 등에 업고 기독교가 세력을 늘려 나가는 것을 위험하다고 여겼기 때문이다. 모든 사람이 종교와 사상의 자유를 누려야 하는데 교회가 이승만의 장기 독재를 돕고 있는 것에 함석헌은 불만을 느꼈다.

함석헌은 스스로를 기독교의 이단자라고 선언했지만 기독교 신앙을 버린 것은 아니었다. 다만 예수의 가르침을 올바르게 실천하려고 했을 뿐이다. 예수는 가난한 사람들이나 권력자들로부터 억압받는 사람들을 위해 살았는데 당시 기독교인들은 이승만 정권에 협조하며 권력의 힘으로 기독교인들을 늘리는 데만 관심을 기울였다. 함석헌은 그것을 잘못이라고 비판했고 이후로도 동양과 서양의 사상을 더욱 폭넓고 깊이 있게 연구해 나갔다.

함석헌은 어려서부터 인도의 간디처럼 살아가겠다고 꿈꾸었다. 그는 간디가 비폭력 불복종 운동을 이끌어 영국의 식민 통치를 받던 인도를 독립시킨

이단자 | 어떤 종교의 전통이나 권위에 반항하는 주장을 펴는 사람을 말한다.

일에 큰 감동을 받았다. 그는 오산 학교에 다닐 때부터 간디가 펴내던 〈젊은 인도〉라는 잡지를 애독했으며 프랑스의 소설가 로맹 롤랑이 쓴 《간디전》을 읽고 간디와 같은 삶을 살기로 결심했다.

함석헌이 간디를 존경하게 된 이유는 다음 글에서 잘 알 수 있다.

간디는 현대 역사에 있어서 하나의 조명탄입니다. 깜깜한 밤에 적진 상륙을 하려는 군대가 강한 빛의 조명탄을 쏘아 올리고 공중에서 타는 그 빛의 비쳐 줌을 이용하여 공격 목표를 확인하여 대적을 부수고 방향을 가려 행진할 수 있듯이 20세기의 인류는 자기네 속에서 간디라는 하나의 위대한 혼을 쏘아 올리고, 지금 타서 비치고 있는 빛 속에서 새 시대의 길을 더듬고 있습니다. 그는 분명히 인류가 인류 속에서 쏘아 올린 혼이었습니다.

1957년, 함석헌이 간디를 존경한다는 것을 알고 정만수라는 사람이 찾아와 말했다.

"선생님, 간디는 한때 아쉬람 공동체를 만들어 살지 않았습니까?"

아쉬람은 힌두교인들이 머물며 수행하는 곳을 가리키는데, 간디는 여러 힌두교인들과 하나의 마을을 만들어 함께 살았다. 그것을 아쉬람 공동체라고 불렀다.

"그랬지. 참 부러운 일이야."

"제가 천안에 농사짓던 땅이 조금 있습니다. 선생님이 그 땅을 운영하며 제자들을 가르쳐 보시면 어떻겠습니까?"

함석헌은 송산 농사 학원을 비롯해 여러 곳에서 농사를 지으며 제자들을 가르쳤던 일을 떠올렸다. 정만수는 땅을 아예 함석헌에게 기증하려고 했다.

함석헌은 여러 번 사양했지만 정만수가 거듭 부탁을 해 결국 제안을 받아들였다.

얼마 뒤 함석헌은 천안에 '씨알농장'을 세웠다. 씨알은 함석헌이 자주 쓰던 말로 열매나 곡식의 알맹이를 뜻했다. 씨알이라는 말에는 여러 가지 뜻이 담겨 있는데 '민중'을 뜻하는 우리말이기도 하며 순수한 사람, 자연 그대로의 사람이라는 뜻으로도 쓰였다. 함석헌은 씨알을 땅에 뿌리면 새싹이 움트는 것처럼 모든 민중들에게도 그런 생명의 힘이 있다고 믿었다.

함석헌은 씨알농장을 운영하면서 사람들과 함께 《성경》 공부를 하고 신앙심을 키우며 농사를 짓고 살았다. 씨알농장 사람들은 매일 새벽 여섯 시에 일어나 30분쯤 명상한 뒤 한 시간 정도 《성경》을 공부했다. 《성경》 강의는 함석헌이 맡았다. 다 함께 아침 식사를 끝내고 나면, 쌀 등의 곡식과 여러 과일 농사일을 했고, 닭과 토끼 등의 가축도 키웠다.

함석헌은 일 년에 두 번씩 '씨알농장 수련회'를 열기도 했는데 이때 전국에서 70~80명의 대학생이나 청년들이 모여들었다. 씨알농장 공동체에 사는 청년들도 50명 정도나 되었다. 그런데 사람이 많아지자 이런저런 문제가 생겨났다.

본래 씨알농장 사람들은 여러 곡식과 야채, 과일, 가축 등을 키워 그것을 시장에 내다팔아 자급자족했다. 그런데 함석헌의 명성을 듣고 그의 가르침을 받으려고 찾아온 청년들 중에는 한 번도 농사를 지어 보지 않은 사람이 많았다. 그들은 농사보다는 함석헌의 강의만 들으려고 해서 씨알농장을 운영하는 것이 차츰 힘들어졌다. 게다가 함석헌이 5·16 군사 정변과 박정희의 독재 정치를 줄곧 비판했기 때문에 씨알농장은 심한 탄압을 받았다.

씨알농장 사람들은 걸핏하면 이런 협박을 받았다.

"당신들 자꾸 이 농장에 있으면 앞날이 괴로울 것이오. 좋게 말할 때 떠나시오."

결국 씨알농장은 해마다 늘어나는 빚과 정부의 탄압으로 1973년에 문을 닫게 되었다.

함석헌은 씨알농장을 일궈 나가면서도 틈만 나면 전국으로 강연을 하러 다녔고, 많은 글을 발표해 독자들의 관심을 끌었다. 그런가 하면 책을 쓰거나 번역해 펴내기도 했다.

함석헌이 쓴 책 중 가장 대표적인 것은 《뜻으로 본 한국 역사》이다. 함석헌이 이 책을 처음 펴낸 것은 1930년대였다. 그 무렵, 일본 유학을 마치고 오산 학교에서 역사를 가르치던 함석헌은 기독교인의 눈으로 우리 역사를 평가하는 글을 〈성서조선〉이란 잡지에 계속 발표했다. 그리고 연재한 글을 묶어 《성서적 입장에서 본 조선 역사》라는 책으로 펴냈다. 그 후 1961년에 책의 내용을 크게 바꾸어 《뜻으로 본 한국 역사》로 다시 펴낸 것이다.

함석헌은 씨알농장을 시작한 이듬해인 1958년 '생각하는 백성이라야 산다'라는 글을 〈사상계〉에 발표해 20일 동안 서대문 형

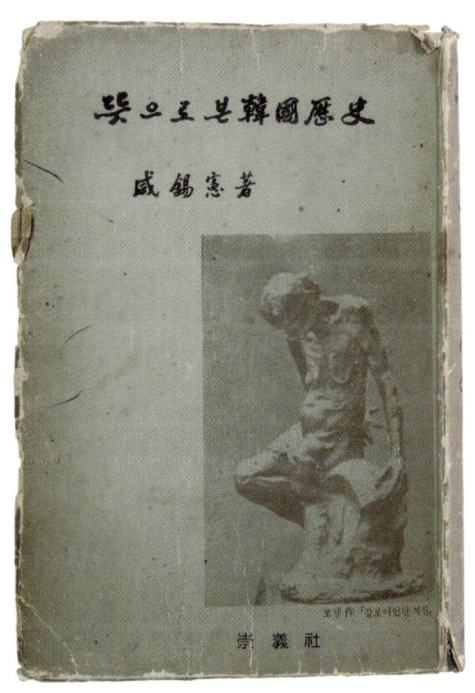

▲ 《뜻으로 본 한국 역사》 | 함석헌이 1932~1933년 〈성서조선〉에 연재한 원고를 수정, 보완해서 펴낸 것이다.

무소에 갇혔다. 그 뒤로는 씨알농장의 일에만 매달렸고 많은 책을 읽으며 지냈다. 1959년에는 자신의 생애를 자서전으로 정리해 〈사상계〉에 발표했지만 1960년과 1961년 6월까지는 이렇다 할 글을 쓰지 않은 채 조용히 지냈다.

그런데 그동안 우리나라에는 현대사를 바꿔 놓을 만한 중요한 사건이 일어났다. 1960년에 일어난 4·19 혁명과 1961년에 일어난 5·16 군사 정변이었다. 4·19 혁명은 이승만 정부의 부정부패와 독재 정치에 항거하며 학생과 시민들이 일으켰고, 5·16 군사 정변은 박정희를 비롯한 군인들이 나라를 바로잡겠다며 일으켰다. 5·16 군사 정변 이후 우리나라 경제는 크게 성장해 중진국 수준으로 올라갔지만, 대신 4·19 혁명으로 이룩한 민주주의는 크게 뒷걸음치게 되었다.

1948년, 대한민국 정부의 초대(제1대) 대통령으로 선출된 이승만은 1960년 4월 19일에 일어난 민주 혁명으로 대통령 자리에서 물러나 하와이에서 쓸쓸히 세상을 떠났다. 오늘날 모로코, 이란, 이라크 등에서 수십 년 동안 집권하던 독재자들이 민주화 시위로 쫓겨났는데, 우리나라에서는 이와 같은 민주화 운동이 50여 년 전에 일어났던 것이다.

그렇다면 이승만 대통령은 왜 국민에 의해 쫓겨났던 것일까? 가장 큰 이유는 그가 장기 독재를 꿈꿨으며 그를 떠받들던 자유당 정권이 민중을 탄압하며 부정부패를 저질렀기 때문이다.

우리나라 정치에서는 헌법이 크게 바뀌었거나 혁명 등으로 정권이 바뀐 시기에 따라 제1공화국에서 제6공화국으로 시대를 구분하고 있는데, 초대 대통령인 이승만 대통령이 집권했던 1948년 7월부터 1960년 4월까지는 제1공화국이라 부른다.

1948년 5월 10일, 남한의 단독 선거 때 당선된 국회 의원은 198명이며 그중 무소속 의원이 103명이었다. 당시에는 대통령을 간접 선거, 즉 국회 의원들이 대통령을 선출하는 방식이었다. 초대 대통령 선거에서는 국회 의원 중 나이가 가장 많았던 무소속의 이승만이 쉽게 당선되었다. 헌법에 따르면 국회 의원의 임기는 2년, 대통령의 임기는 4년이었다.

　1950년 5월 30일 제2대 총선이 치러졌다. 이 선거에서는 국회 의원 210명이 당선되었다. 그런데 이때는 이승만 정부에 반대하는 국회 의원이 많이 당선되었기 때문에 1952년에 치러질 제2대 대통령 선거에서 이승만이 다시 당선될 가능성이 없었다.

　그러자 이승만은 1951년 여러 정당과 사회단체를 하나로 모아 자유당이라는 정당을 만들었다. 그럼에도 불구하고 제2대 대통령 선거에서 이승만이 당선되는 것은 힘들어 보였다. 야당 국회 의원의 수가 훨씬 많았기 때문이다.

　간접 선거를 해서는 승리할 가능성이 없자 이승만과 자유당은 '대통령을 국민이 직접 뽑도록 하자.'며 헌법을 억지로 고쳤다. 대통령을 간접 선거가 아닌 직접 선거로 뽑게 한 것이다. 국민이 직접 대통령을 뽑는 것은 바람직한 일이지만 당시 자유당과 이승만 대통령의 속셈은 뻔했다. 제2대 대통령 선거가 있던 1952년은 6·25 전쟁이 한창이어서 국민은 초대 대통령 이승만을 지지하고 있었다.

　당시 헌법에 따르면 대통령의 재임이 가능했기 때문에 1948년에 이어 1952년에도 이승만이 대통령 후보로 출마해 당선되었다. 당시 헌법에 따르면 이승만은 더 이상 대통령 후보로 출마할 수 없었다.

　그러자 자유당 정권은 1954년에 갑작스럽게 헌법을 고치자고 제안했다.

　"이승만 대통령은 우리나라를 세운 분이니 한 번 더 대통령 선거에 출마할 수 있도록 합시다."

이때 야당과 국민은 크게 반대했다. 제아무리 큰 업적을 남긴 대통령이라 해도 그런 식으로 계속 권력을 누리면 임금과 다를 바 없지 않느냐며 분노했다.

"민주주의 국가에서 그런 법이 어딨소? 미국에선 30명이 넘는 대통령이 나왔지만 세 번 연속으로 대통령을 한 사람은 한 명도 없소."

"맞아요. 이승만 대통령은 국민을 탄압한 독재자일 뿐이오. 그런 사람이 계속 대통령을 하겠다니 이 나라가 정말 민주주의 국가란 말이오?"

수많은 항의에도 불구하고 자유당은 힘으로 밀어붙여 헌법을 뜯어고쳤다. 결국 이승만은 1956년 치러진 대통령 선거에서 또 당선되어 제3대 대통령이 되었다.

그리고 1960년 3월 15일, 제4대 대통령과 부통령을 뽑는 날이 다가왔다. 이때 자유당에서는 이승만(대통령), 이기붕(부통령)이 후보로 나섰고, 자유당의 맞수였던 민주당에서는 조병옥(대통령), 장면(부통령)이 후보로 나섰다.

당시 분위기는 민주당 후보들이 당선될 가능성이 매우 높았다. 그런데 공교롭게도 민주당의 대통령 후보였던 조병옥이 갑작스럽게 병이 나 수술 때문에 미국으로 건너가게 되었다. 그리고 미국에서 수술을 받던 중 심장병으로 세상을 떠나고 말았다. 강력한 맞수가 없어졌으니 이승만 후보가 제4대 대통령으로 당선될 게 분명했다.

그때 이승만의 나이는 여든다섯 살이었다. 언제 무슨 일이 생길지 모르는 나이였다. 만약 대통령이 병을 얻어 세상을 떠나면 부통령이 그 자리를 이어받아야 했다. 그런데 자유당이 여론 조사를 해 보니 부통령으로는 민주당의 장면 후보가 당선될 가능성이 훨씬 높았다. 발등에 불이 떨어진 자유당은

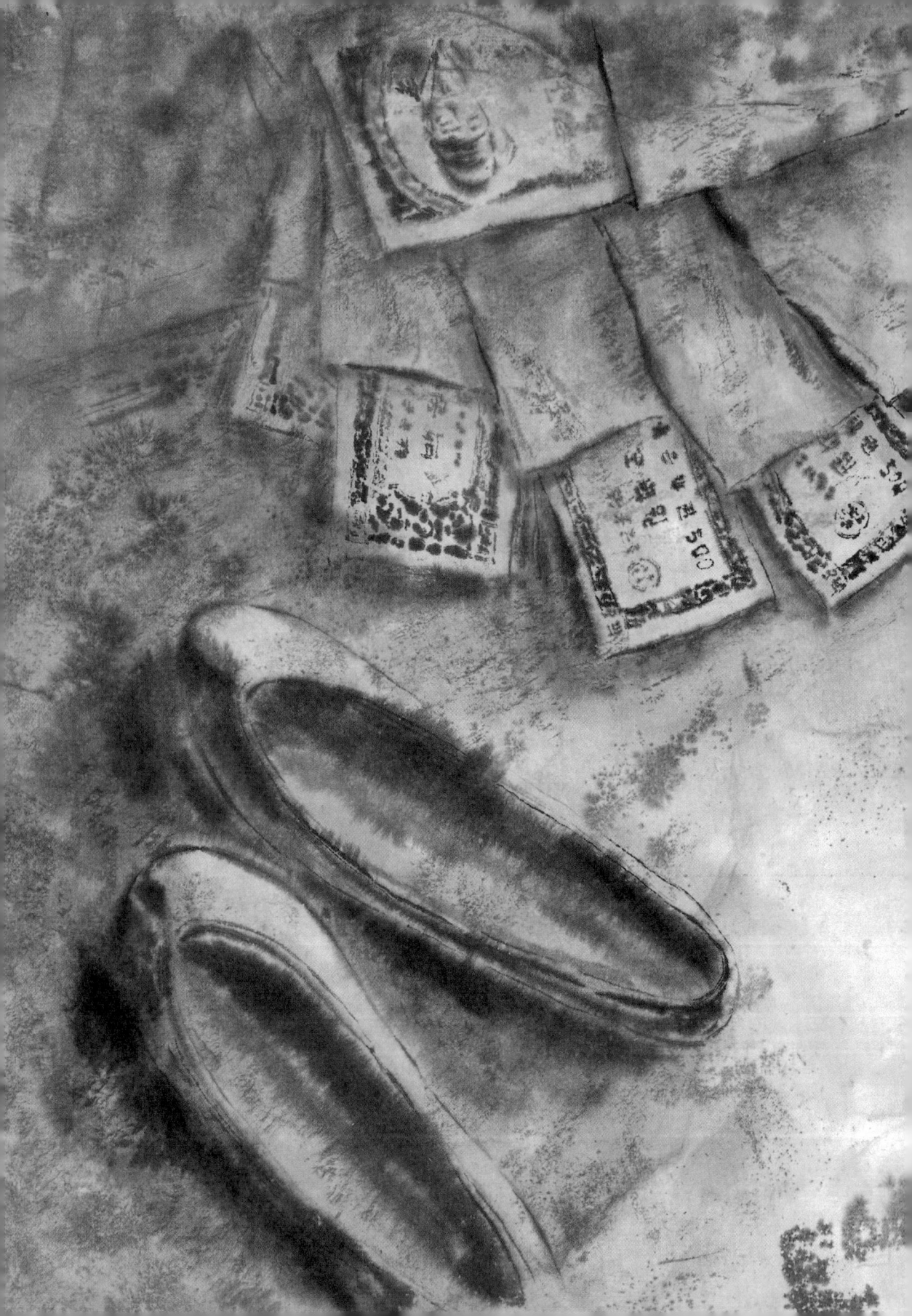

서둘러 부정 선거를 계획했다.

"지금과 같은 사정이라면 민주당의 장면 후보가 당선되는 게 확실하지 않겠소?"

"그렇습니다. 무슨 수를 써서라도 이기붕 후보를 부통령으로 당선시켜야 합니다."

"걱정 마십시오. 모든 공무원과 경찰을 동원해 표를 가져오면 됩니다. 국민이야 잔뜩 겁을 준 뒤 막걸리 좀 먹이고 고무신 좀 나눠 주면 얼씨구나 하고 자유당을 찍을 겁니다."

자유당 사람들은 이렇게 모의한 뒤 부정 선거를 준비해 나갔다. 그들은 유권자들에게 돈 봉투를 돌리기 위해 400만 달러라는 큰돈을 마련했다. 그리고 공무원과 경찰, 아홉 개의 반공 단체를 하나로 모아서 반공청년단이라는 단체를 조직해 유권자들을 협박하거나 유혹했다.

"여러분, 농사짓느라 애쓰시는데 막걸리 한 잔씩 드세요. 아, 이건 우리 이기붕 후보께서 여러분을 위해 보내 주신 고무신입니다. 모두 한 켤레씩 받아 가세요. 이 마을을 발전시키려면 어떤 후보를 뽑아야 하는지 잘 아시죠?"

자유당 정권은 금품을 뿌리는가 하면 상상을 뛰어넘는 다양한 방법으로 부정 선거를 저질렀다. 그중 4할 사전 투표, 공개 투표, 완장 부대 활용, 야당 참관인 축출 등이 대표적이었다.

4할 사전 투표란 선거일인 3월 15일에 유권자 수의 40퍼센트에 해당하는 투표용지에 자유당 후보를 찍어 미리 투표함에 넣는 방법이었다. 공개 투표란 투표할 사람들을 3명이나 5명 정도로 조를 짠 다음, 그중 한 명이 우두머리가 되어 자유당 후보에게 표를 찍었는지 일일이 확인한 뒤 투표함에 넣는 방법이었다. 완장 부대는 자유당 청년 당원들에게 '자유당'이라고 쓴 완장을 차

금품 | 돈과 물품을 통틀어 가리키는 말이다.

게 한 뒤 투표장 주변을 서성거리게 하여 유권자들에게 자유당을 찍도록 겁을 주는 방법이었으며, 야당 참관인 축출은 민주당을 비롯한 야당의 참관인을 투표소 밖으로 몰아내는 방법이었다. 한마디로 민주주의 국가에서는 있을 수도 없고, 결코 있어서도 안 될 추악하고 비열한 방법으로 자유당의 이기붕 후보를 당선시키려고 했던 것이다.

이처럼 자유당에서 대대적인 부정 선거를 준비하고 착착 실천에 옮기자 2월

▲ **3·15 부정 선거 반대 시위** |자유당 정권이 4할 사전 투표, 공개 투표 등의 부정 선거를 저지르자 참지 못한 시민들이 거리로 몰려나와 시위를 벌였다.

28일, 대구에서 자유당 정권에 항의하는 학생들의 시위가 일어났다. 이 시위에 영향을 받아 3월 15일 선거일까지 전국 각 도시에서 부정 선거 반대 시위가 일어났다.

　3월 15일, 전국의 모든 투표소에서는 놀라운 광경이 펼쳐졌다. 경찰과 반공청년단 회원들이 투표장 주변을 감시해서 유권자들은 부들부들 떨었고, 야당 선거 감시원은 밖으로 쫓겨났다. 민주당 후보를 찍은 투표용지는 그 자리에서 찢기기도 했다.

　그날 밤 중앙 선거 위원회는 중간에 개표 결과 발표를 중지했다. 전국의 유권자 수보다 자유당 후보에게 찍은 투표용지가 훨씬 많았기 때문이다. 이것만 보더라도 자유당 정권의 부정 선거가 얼마나 심했는지 짐작할 수 있다.

　그날 낮부터 성난 마산 시민들은 거리에 모여 부정 선거와 자유당 정권의 부패, 독재에 항의했다. 마산의 중·고등학생들도 시민들을 따라 저녁 늦게까지 거리를 행진했다. 이때 경찰이 소총과 권총, 기관 단총 등을 시민들에게 마구 쏘아 8명이 숨지고 72명이 큰 부상을 입었다.

　이와 같은 항거 후 한동안 시위가 잠잠해진 듯했지만 시민의 분노가 사라진 것은 아니었다. 시위가 일어난 지 한 달 쯤 지난 4월 11일, 낚시꾼이 마산 부두에서 한 학생의 시체를 발견했다. 죽은 학생은 마산상업고등학교에 다니던 김주열로, 3월 15일 시위 때 경찰이 쏜 최루탄을 눈에 맞은 채 죽어 있었다.

　이 소식에 큰 충격을 받은 마산 시민은 다시 시위를 벌였다.

　"이승만 정권 물러가라."

　매일같이 수만 명이 구호를 외치며 관공서와 자유당 의원의 집, 언론사 사무실로 몰려가 돌을 던졌다. 2차 마산 시위가 일어났을 때도 경찰은 마구 총을 쏘아 대며 시민을 위협했다. 게다가 자유당 정권은 공산당 세력의 조종을 받아 마산에서 시위가 일어난 것이라며 거짓 선전을 일삼았다. 하지만 그 말을 믿는 사람은 없었다.

국민은 이승만과 자유당 정권의 부정부패와 독재 정치에 크게 분노했다. 마산 시위에 이어 전국 각 도시에서 부정 선거를 규탄하는 시위가 꼬리에 꼬리를 물고 일어났다. 4월 18일에는 서울의 고려대학교 학생 4000여 명이 거리로 나섰다. 당황한 경찰이 막아섰지만 학생들은 거침없이 경찰을 밀어내며 국회 의사당 앞에 도착했다. 오늘날의 서울시의회 건물이 당시에는 국회 의사당으로 쓰였다.

"민주 역적 몰아내자."

"마산 사건 책임자를 처단하라."

학생들은 구호를 외치며 그날 저녁 7시까지 시위를 벌였다. 그들이 다시 학교로 돌아갈 무렵에는 시민 수만 명이 모여들어 '자유당 정권 물러나라.'를 외쳤다.

이윽고 4월 19일이 밝았다. 아침 9시 무렵, 서울대학교 학생 2000여 명이 선언문을 낭독한 뒤 국회 의사당 앞으로 행진했다. 같은 시각 서울에 있던 각 대학의 학생들과 동성고등학교를 비롯한 중·고등학생 10만여 명이 국회 의사당 앞에 모였다.

"썩은 정치 수술하자."

"빼앗긴 민권을 도로 찾자."
학생들은 구호를 외치고 애국가를 부르며 경찰과 맞섰다. 시민들도 거리로 뛰쳐나와 학생들과 힘을 모았다.
시위대는 경무대(오늘날의 청와대), 부통령

이기붕의 집, 각 경찰서 등으로 몰려가 '독재 정권 물러가라.'라는 구호를 외쳤고 여러 관청을 습격했다. 서울뿐 아니라 부산, 광주, 청주, 인천, 대구 등에서도 대규모 시위가 일어났다.

자유당 정권은 위기를 느끼고 경찰에게 사격 명령을 내렸다. 그러자 경찰은 장갑차를 몰고 거리로 나가, 시민과 학생들에게 마구 총을 쏘기 시작했다. 분노한 시위대들도 파출소 무기고에서 빼앗은 무기를 들고 경찰에 맞섰지만 잘 훈련받은 경찰을 당해 낼 수가 없었다. 그날 시민과 학생 186명이 숨졌고 6000여 명이 크게 다쳤다. 부통령 이기붕은 시위대를 피해 경무대로 달아났다.

이승만 대통령은 4·19 혁명이 일어난 것이 모두 자유당과 이기붕 부통령의 잘못이라며 책임을 떠넘겼다. 하지만 국민은 자유당 정권의 가장 큰 책임은 대통령에게 있다며 이승만이 대통령 자리에서 물러날 것을 요구했다.

4월 25일, 전국 27개 대학의 교수 400여 명이 모여 '쓰러진 학생의 피에 보답하라.'라는 구호를 외쳤다. 다시 민주주의를 요구하는 시위가 시작된 것이다. 4월 26일에는 아침 일찍부터 서울 시민 3만여 명이 거리에 모여 '이승만 대통령은 하야하라'며 경무대로 행진했다. 이때는 초등학생들까지 '부모 형제들에게 총부리를 대지 마라.'라는 현수막을 들고 시민들을 따랐다.

결국 그날 오후 1시, 이승만 대통령은 성명을 발표했다.

"국민이 원한다면 대통령직을 그만둘 것이며 대통령 선거를 다시 치르도록 하겠다."

그러고는 사흘 뒤 이승만은 하와이로 망명하여 그곳에서 살다가 1965년, 아흔두 살의 나이로 세상을 떠났다.

4·19 혁명으로 이승만, 이기붕 등 자유당 세력이 물러나자 국

하야 | 본래의 뜻은 시골로 내려간다는 것이며, 관직 등에서 물러나는 것을 이르는 말이다.

▲ **4·19 혁명** |1960년 4월 19일, 이승만과 자유당 정권의 독재와 부정 선거에 반대하며 전국적으로 수많은 사람이 시위를 벌였다.

회는 새로운 헌법을 마련했다. 새 헌법에서 가장 달라진 부분은 국회를 양원제(이원제)로, 정부는 내각 책임제로 운영한다는 것이었다. 이에 따라 국회 의원은 민의원과 참의원으로 나뉘어 선출되었고, 정부는 총리가 이끌게 되었다.

그렇다면 4·19 혁명은 우리 역사에서 어떤 의미가 있을까?

오늘날 헌법 전문에는 우리나라가 '불의에 항거한 4·19 민주 이념을 계승

한다'고 나와 있다. 4·19 혁명은 어떤 사람이나 세력이 치밀하게, 오랫동안 준비한 것이 아니었다. 자유당 정권이 수없이 부정부패를 저지르고 여러 차례 헌법을 고쳐 가며 장기 독재를 하려고 하자 참다못한 국민이 일으킨 혁명이었다.

한 나라에서 민주주의가 자리 잡는 데는 많은 고통과 희생이 따른다. 미국이나 유럽에서도 민주주의가 자리 잡기까지 오랜 세월이 걸렸으며 그동안 국민은 적잖은 고통을 겪었다. 우리나라도 마찬가지였다. 1948년 대한민국 정부가 들어섰지만 민주주의는 쉽게 이루어지지 않았다. 다른 민주 국가들처럼 헌법을 정하고 여러 가지 법과 제도를 고쳤지만 겉모양만 바꾼다고 민주주의가 이루어지는 것은 아니었다.

4·19 혁명은 우리나라의 정치를 크게 발전시키는 중요한 계기가 되었다. 국민은 민주주의를 얻기 위해 큰 희생을 했고, 나라의 주인이 국민이라는 것을 깨달았다. 이 내용은 헌법 제1조에 나온다.

> 제1조 ① 대한민국은 민주 공화국이다.
> ② 대한민국의 주권은 국민에게 있고, 모든 권력은 국민으로부터 나온다.

이 조항은 민주주의의 원리를 아주 쉽게 설명하는 말이기도 하다. 나라의 주인은 대통령이나 국회 의원, 장관, 경찰, 군인이 아니라 모든 국민이라는 뜻이다. 대통령과 모든 공무원은 국민의 선택을 받아 나라를 운영하고 관리하는 사람들이지 국민 위에 군림하는 사람들이 아니다. 이런 사실을 우리 국민은 4·19 혁명을 통해 깨달았다. 즉 4·19 혁명은 우리나라에서 민주주의가 자리 잡을 수 있는 중요한 계기가 된 것이다.

새 헌법에 따라 다시 치른 선거에서 민주당의 윤보선이 대통령에, 장면이 총리에 당선되었다. 그렇게 시작된 제2공화국은 1962년 6월까지 이어졌다. 제2공화국을 이끌게 된 장면 총리는 많은 문제에 부딪혔다. 그동안 자유당 정권으로부터 억눌려 지냈던 국민이 많은 요구를 해 왔기 때문이다.

억지로 막아 놓았던 봇물이 터진 것처럼 여기저기에서 시위가 일어났다. 날마다 수많은 사회단체와 시민, 학생들이 '요구를 들어 달라', '법을 고쳐 달라!'며 시위를 벌여 장면 내각은 정신을 차릴 수 없을 정도였다. 그래서 '데모(시위)만능시대'라는 말까지 생겨났다. 4·19 혁명으로 정권이 바뀌자 사람들은 무슨 일이든 시위만 하면 해결될 것으로 믿었기 때문이다.

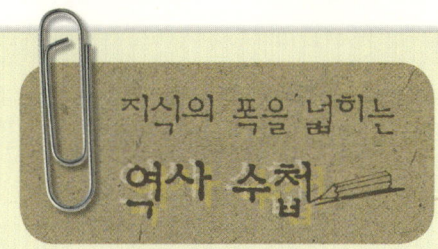

반올림을 적용한 불법 개헌

헌법을 고치기 위해서는 헌법 개정안이 국회에서 통과되고, 이후 국민 투표를 거쳐야 한다. 1954년, 이승만과 자유당에서는 대통령의 3선 제한을 없애기 위해 새 헌법을 국회에서 통과시키려고 했다. 이를 위해서 그들은 자유당 국회 의원들뿐 아니라 무소속 의원들까지 끌어들였다.

1954년 11월 27일 새 헌법에 대한 국회 의원 투표가 있었다. 이날 국회 의원 203명 중 202명이 투표에 참가했는데 그 결과 찬성 135표, 반대 60표, 기권 7표가 나왔다.

새 헌법을 통과시키려면 203명의 3분의 2에 해당하는 136명이 찬성해야만 했다. 그런데 찬성 표는 135표였으므로 새 헌법은 통과될 수 없었다. 결국 헌법 개정안은 부결되었다. 그러나 다음 날 자유당 의원들이 해괴망측한 논리를 내세우며 개헌안이 통과되었다고 주장했다.

"203명의 3분의 2는 135.333……입니다. 따라서 사사오입하면 135명이 되므로 이번 헌법 개정안은 통과된 것입니다."

여기서 사사오입이란 수학에서 0.4까지는 버리고 0.5 이상은 올리는 것으로, 반올림을 말한다.

국회에서 203명의 3분의 2를 136명이라고 규정한 것은 사람을 소수점으로 나눌 수 없기 때문이다. 그러니까 135.333……은 상식적으로 136명으로 보아야 한다. 하지만 자유당 의원들은 수학의 반올림을 적용하여 상식을 무시한 채 억지로 새 헌법을 통과시켜 이승만이 장기 독재할 수 있는 길을 열었다. 하지만 그 길은 이승만 대통령과 자유당이 몰락하는 길이기도 했다.

▲ 사사오입 개헌에 서명하는 이승만

(독재 정치를 비판하다)

　　새로 들어선 장면 정권은 그동안 억눌려 지냈던 학생과 시민, 여러 사회단체의 요구를 들어주는 것만으로도 벅찼다. 그런 가운데도 정부는 경제 발전을 가장 중요한 목표로 삼고 경제 개발 5개년 계획을 세웠으며 국토 개발 사업을 추진하기로 했다. 그 결과 1961년부터 차츰 사회가 안정되었다. 하지만 시위는 여전히 계속되었다.

　　이 무렵, 대학생들은 민족의 가장 큰 과제는 남북통일이라며 남북 학생 회담, 남북 학생 친선 체육대회 등을 열자고 제의했다. 그리고 얼마 뒤 전국 19개 대학으로 이뤄진 '민족통일 전국학생연맹'이 조직되었다. 대학생들은 1961년 5월 말에 판문점에서 남북 학생 회담을 열겠다고 발표했다. 이때 '가자 북으로! 오라 남으로! 만나자 판문점에서!'라는 구호를 외치기도 했다. 하지만 정부는 남북 학생 회담을 허락하지 않을 것이며 만약 판문점으로 가는 학생이 있으면 모두 구속하겠다고 으름장을 놓았다.

국민도 학생들의 주장이 성급하다며 비판했다.

"6·25 때 빨갱이들에게 그리 당하고도 저런 철없는 소리를 하나?"

"그러게 말일세. 저놈들도 빨갱이와 똑같군 그래."

많은 국민이 학생들의 통일 운동을 비난한 이유는 전쟁을 겪으면서 공산주의가 인간의 자유와 행복을 억누르는 사상이라는 것을 뼈저리게 느꼈기 때문이었다.

이처럼 사회가 혼란한 시기에 큰 사건이 벌어졌다. 1961년 5월 16일 새벽, 검은색 선글라스를 쓴 박정희 소장이 이끄는 무장 군인들이 서울 남산 기슭에 있던 서울중앙방송국(오늘날의 KBS)에 들이닥쳤다. 박정희 소장은 방송국에서 숙직하던 박종세 아나운서에게 원고를 내밀면서 말했다.

"지금 나라가 너무 어지럽소. 학생들이 판문점에 가서 북한 학생들과 만나겠다고 하지를 않나, 국회는 매일같이 싸움질만 하고……. 이 나라가 어디로 가고 있는지 아무도 알 수 없는 상태가 되었소. 그래서 위기에 빠진 나라를 구하기 위해 군대가 일어섰소. 오전 5시 정각에 이것을 방송하시오."

겁에 질린 박종세 아나운서는 박정희가 내민 원고를 건네받았다. 그리고 새벽 5시 정각, 원고를 낭독했다.

"친애하는 애국 동포 여러분, 우리 군대는 오늘 새벽에 일제히 행동을 개시하여 입법부, 사법부, 행정부의 3권을 완전히 장악하고 이어 군사혁명위원회를 조직하였습니다. …… 대한민국 만세! 궐기군 만세!"

이 방송의 내용처럼 박정희는 장교 250명, 사병 3500명 정도의 군대를 움직여 5월 16일 새벽, 군사 정변을 일으켰다. 군사 정변이란 몇몇 군인들이 무력으로 정부를 무너뜨리는 것으로 흔히 '쿠데타'라고도 부른다.

박정희를 비롯한 군인들은 자신들은 군사 혁명을 일으킨 것이라고 주장하며 '혁명 공약'을 발표하기도 했다. 하지만 오늘날, 1960년 4월 19일에 일어난 일은 4·19 민주화 운동 또는 4·19 혁명이라고 부르는 데 비해 1961년 5월 16일, 군인들이 일으킨 사건은 5·16 군사 정변이라고 부른다.

그렇다면 혁명과 군사 정변(쿠데타)에는 어떤 공통점과 차이점이 있을까? 공통점은 정치와 사회 제도를 획기적으로 바꾸기 위해 일으킨 것이라는 점이다. 차이점은 지배를 받던 민중의 힘으로 정권을 바꾼 경우에는 프랑스 혁명, 러시아 혁명과 같이 혁명으로 부르고, 높은 지위에 있는 관리, 장군 등이 정권을 바꾸거나 스스로 집권하려고 일으킨 사건은 정변이라고 부른다는 점이다. 조선 말기, 김옥균 등 급진 개화파가 일으켰던 갑신정변을 예로 들 수 있다.

군사 정변을 일으킨 박정희는 군사혁명위원회를 국가 재건 최고 회의로 이름을 바꾸고 의장이 되었다. 윤보선 대통령과 장면 총리는 있으나 마나 한 허

수아비 신세가 되었다. 박정희 의장은 정치와 사회가 안정되면 다시 군인 신분으로 돌아가 나라를 지키겠다고 약속했다. 하지만 그 약속은 끝내 지켜지지 않았다.

박정희는 1963년에 민주 공화당이라는 정당을 만들었고 헌법을 고쳐 같은 해에 대통령에 당선되었다. 그리하여 군사 정변을 일으킨 1961년부터 1979년 10월 26일 세상을 떠날 때까지 18년이 넘도록 우리나라 최고의 권력자로 군림했다.

박정희가 5·16 군사 정변을 일으키자 〈사상계〉의 발행인이던 장준하는 그 사건을 평가하는 글을 싣기 위해 여러 사람에게 글을 부탁했다. 하지만 당시 진보적인 지식인들이나 민주 인사, 시민, 학생 등은 감히 입을 열 수가 없었다. 정변이 일어난 뒤 무시무시한 중앙정보부(오늘날의 국가 정보원)가 만들어져 그들을 탄압했기 때문이다.

박정희가 이끌던 국가 재건 최고 회의는 1961년 6월, 미국의 정보 기관인 CIA(미국 중앙 정보국)를 본 따 중앙정보부라는 기관을 만들었다. 중앙정보부는 본래 나라 안팎의 정보를 수집해 나라의 안전을 지키기 위해 만든 기관이었다. 하지만 실제로는 군사 정부에 반대하는 사람들을 탄압하기 위한 곳이었다. 중앙정보부는 박정희 군사 정부를 비판하거나 민주주의를 요구하는 사람, 통일을 주장하는 사람들을 모조리 체포했다. 1961년 한 해에만 학생과 민주 인사, 정치인 333명이 체포되어 고통을 겪었다.

그러한 때여서 지식인들은 5·16 군사 정변에 대해 함부로 말할 수 없었다. 하지만 함석헌은 달랐다. 당시 천안의 씨알농장에서 일하던 함석헌은 장준하의 부탁을 받고는 선뜻 원고를 쓰겠노라 약속했다. 얼마 뒤 〈사상계〉에 함석

군림 | 임금이 나라를 다스리는 것을 뜻하는 말로, 어떤 분야에서 절대적인 세력을 가지고 다른 사람을 지배하는 것을 비유적으로 이르는 말이다.

헌이 쓴 '5·16을 어떻게 볼 것인가'라는 글이 실렸다. 5·16 군사 정변을 비판하는 내용이었다.

> 혁명은 민중의 것이다. 민중만이 혁명을 할 수 있다. 민중을 내놓고 꾸미는 혁명은 참 혁명이 아니다. (군사 정변을 일으킨 자들은) 반드시 어느 때 가서는 민중과 버그러지는 날이 오고야 만다. 즉, 다시 말하면 지배자로서의 본색을 나타내고야 만다. 그리고 오래 속였으면 속였을수록 그 죄는 크고 그 피해는 깊다.

함석헌은 이 글을 통해 군사 정변을 일으킨 군인들이 계속 권력을 누릴 것이라고 내다보았다. 그의 날카로운 예언은 그대로 들어맞았다. 게다가 함석헌은 군인들이 정말 나라를 구하려는 마음으로 정변을 일으켰다면 하루빨리 본래의 자리로 돌아가라고 요구했다.

함석헌의 글이 발표되자 중앙정보부장으로 있던 김종필은 〈사상계〉의 발행인 장준하와 취재부장 고성훈을 불렀다. 그때 김종필은 서른다섯 살, 장준하는 마흔세 살이었고, 글을 쓴 함석헌은 예순 살이었다.

장준하는 중앙정보부에서 3시간이나 기다린 뒤 김종필을 만날 수 있었다. 김종필은 기다리게 해 미안하다는 사과도 없이 장준하를 다그쳤다. 당시 김종필은 날아가는 새도 떨어뜨린다는 말이 있을 정도로 막강한 권력을 누리고 있었다.

"당신, 무슨 의도로 정신 분열자 같은 영감쟁이의 글을 실었소? 이 글을 어떻게 싣게 되었는지 말하시오."

장준하는 자기가 존경하는 함석헌을 '정신 분열자'라고 모욕하는 말에 어처

구니가 없었지만 꾹 참고 대답했다.

"그 글은 내가 함석헌 선생을 직접 찾아가 써 달라고 부탁한 것이오. 그리고 내가 원고를 읽고 〈사상계〉에 실었소."

"당신도 이 영감쟁이의 의견에 동의한단 말이군?"

"아니라면 글을 실을 이유가 없잖소?"

"당신들은 우리의 신성한 군사 혁명을 우습게 생각하시오?"

"우리는 나라의 앞날을 깊이 걱정하고 있소. 하지만 당신들이 무력으로 국민이 선택한 민주 정부를 뒤엎은 것은 옳지 않소. 지금 이 나라에는 함 선생님과 나 말고는 당신들의 잘못을 비판할 사람이 없소. 모두 권력자에게 아첨이나 할 뿐이지."

▲ **장준하** |언론인이자 정치가인 장준하는 〈사상계〉를 발행해 독재 정권에 맞섰다.

이 말을 듣고 난 김종필은 한결 누그러진 표정으로 장준하와 많은 대화를 나눴다.

"혹시 함석헌 씨가 정치를 하려는 것은 아니오?"

김종필의 질문에 장준하가 대답했다.

"그분은 종교인이며 철학자로 존경을 받는 어른이오. 정치에는 마음을 두

지 않았으며 앞으로도 그럴 것이오. 환갑이 다 된 노인이 무슨 정치를 한단 말이오?"

그 말에 김종필은 어느 정도 마음을 놓았다.

하지만 이후에도 함석헌과 장준하는 박정희 정부의 독재 정치를 줄곧 비판했고, 민주주의를 요구하는 운동에 앞장섰다.

그런데 오늘날, '역대 대통령 중에서 가장 존경할 만한 사람은 누구인가?'라는 여론 조사를 하면 박정희를 꼽는 사람이 많다. 18년 동안이나 독재 정치를 편 그에게 많은 사람이 표를 던지는 이유는 무엇일까? 바로 당시에 이루어진 경제 발전 때문이다.

5·16 군사 정변이 일어날 무렵 우리나라의 경제 수준은 후진국 중에서도 가장 밑바닥이었다. 해마다 봄이 되면 식량이 떨어져 봄에 추수하는 보리쌀로 배를 채우던 때였다. 그래서 힘겹게 봄을 넘기는 일을 두고 '보릿고개'라고 했고, 사람들은 해마다 보릿고개를 넘길 일을 걱정했다. 1945년에 광복을 맞이한 뒤, 곧이어 6·25 전쟁으로 국토가 폐허로 변했으니 당연한 일이었다. 그래서 제2공화국의 장면 정권도 무엇보다 경제 발전을 가장 중요한 과제로 삼았던 것이다.

박정희 정부는 여러 차례에 걸친 경제 개발 5개년 계획, 포항제철과 경부 고속 도로 건설, 새마을 운동과 같은 일을 벌여 우리나라 경제를 후진국에서 중진국으로 발돋움하게 했다. 이때 국민은 지긋지긋하게 이어졌던 가난에서 벗어난 것을 기뻐하고, 박정희 정부가 강력하게 추진한 경제 정책에 박수를 보냈다.

하지만 사람들은 차츰 '가난한 사람들은 늘 불행하고 부자는 마냥 행복하기만 한 것일까? 돈만 있으면 뭐든지 해결할 수 있는 것일까?'라는 생각을 하게 되었다. 게다가 빈부 격차가 심해지고 민주주의가 뒷걸음질한 것에 불만을 품게 되었다.

박정희가 지배하던 18년 동안 보통 사람들은 허리띠를 졸라매고 열심히 일해도 늘 제자리였지만, 재벌이나 부자들은 더욱 부를 쌓아 빈부 격차가 더 심해졌다. 박정희 정부는 국민에게 부지런하고 성실하게 일할 것을 강요하면서 정부에 반대하는 집회와 시위를 엄격하게 막았다. 그리고 이승만이 그랬던 것처럼 권력을 계속 누리기 위해 3선 개헌을 추진했으며 그것도 모자라 '유신 헌법'을 만들어 죽을 때까지 나라를 지배하려고 했다. 유신 헌법은 국민의 기본적인 권리마저 빼앗는 악법 중의 악법이었다. 이때 독재 정치에 반대하고 민주주의를 외치던 야당 정치인과 민주 인사, 학생들이 혹독하게 탄압받았다.

생계를 잇기 위해 독재 정부에 복종할 것인가, 가난하게 살더라도 자유와 정의를 위해 독재에 저항할 것인가? 많은 사람들이 이런 고민을 했지만 해답을 찾지 못하고 갈팡질팡했다. 이때 함석헌은 민중들에게 등불과 같은 존재가 되었다.

씨알농장에서 열심히 일하던 함석헌은 1962년 2월부터 미국 국무성의 초청을 받아 석 달 동안 미국을 방문했다. 〈사상계〉의 발행인인 장준하 덕분이었다.

그때만 해도 민간인이 해외여행을 하는 건 여간 어려운 일이 아니었다. 미국까지 한 번에 가는 비행기도 없던 때였다. 그래서 함석헌은 하와이 호놀룰루에서 비행기를 갈아타고 미국으로 건너갔다. 그리고 로스앤젤레스를 비롯해 뉴욕, 워싱턴, 시카고, 샌프란시스코 등 주요 대도시와 로키 산맥 등을 여행했다.

함석헌의 미국 여행에 도움을 준 것은 퀘이커 단체였다. 퀘이커란 기독교의 여러 종파 중 하나로 17세기 무렵, 영국의 조지 폭스라는 사람이 조직했다. 퀘이커는 교회나 목사, 신부가 없이 평신자들만 주일에 모여 예배를 본다는 점이 색다르며, 사회 문제에 많은 관심을 가지고 있다. 퀘이커 교인들은 사회에서 억압받는 사람들을 위해, 남녀평등을 위해, 세계의 평화와 정의를 위해 노력했다.

세계적으로 퀘이커 교인의 수는 그다지 많지 않았는데 함석헌이 퀘이커를 알게 된 것은 1920년대 도쿄에서 유학할 때였다. 그때 친구 김교신과 함께 우치무라 간조가 이끄는 모임에 여러 번 참석했는데, 일본의 사상가로 유명한 우치무라가 바로 퀘이커 교인이었다. 하지만 함석헌은 한국으로 돌아온 뒤로

▲ **퀘이커 신촌 모임** | 함석헌은 도쿄 유학 시절 퀘이커를 처음 접했고, 6·25 전쟁 이후 퀘이커 교인이 되었다.

는 퀘이커에 별다른 관심이 없었다.

그 뒤 6·25 전쟁이 끝났을 때 한국을 방문한 의료 봉사 팀 중에 미국과 영국의 퀘이커 교인들이 있었는데 그들의 영향으로 한국인 중에서도 퀘이커 교인이 생기게 되었다. 함석헌도 그때부터 퀘이커 모임에 자주 참석하고 교류하다 1967년 정식으로 퀘이커 교인이 되었다.

따라서 그가 미국을 여행할 때만 해도 정식 퀘이커 교인은 아니었다. 퀘이커는 억압받는 사람들에게 큰 관심을 가졌으며 기독교의 다른 종파와는 달리 개방적이어서 다른 종교도 소중하게 여겼다. 그래서 기독교인들뿐 아니라 불교를 비롯한 여러 종교인, 과학자 등도 퀘이커 교인들에게 환영받았다. 동양과 서양의 여러 사상을 연구한 함석헌도 환영을 받았고 퀘이커 교인들의 도움으로 미국 여행을 할 수 있었던 것이다.

함석헌은 미국에 있는 동안 틈틈이 강연을 했으며 미국의 철학자, 저명인사들과도 만나 많은 대화를 나눴다. 루스벨트 대통령의 부인인 엘리너 루스벨트를 만난 적도 있는데, 엘리너는 신문에 다음과 같은 글을 발표하기도 했다.

그(함석헌)의 머리는 희었고 수염은 한복 두루마기 위까지 내려와 있었으며 꼿꼿해 보이는 그의 말투에는 침착과 자신감이 깃들어 있었다. 그는 어느 누구보다 강력한 느낌을 주는 철학자의 표정이었다.

미국 여행을 모두 마치고 함석헌이 워싱턴에 머물고 있을 때였다. 마침 독일에서 유학 중이던 안병무가 미국을 방문했다. 안병무는 훗날 신학자, 인권 운동가로 이름을 떨친 인물이다. 안병무는 함석헌에게 미국 여행을 마치고 유럽과 아프리카를 방문해 볼 것을 권했다. 함석헌은 견문도 넓히고 세계적인 학자들과 교류하기 위해 자세한 여행 계획을 세웠다. 그리고 미국 필라델피아에서 4개월 정도 머문 뒤 영국 외무성의 초청을 받아 1963년 1월 초, 대서양을 건너 런던에 도착했다. 영국에서 몇 달 동안 여행을 한 다음, 독일의 하이델베르크로 가서 안병무와 다시 만났다. 그때 안병무는 일부러 휴가를 내고 직접 차를 운전하며 함석헌과 한 달 동안 독일, 스웨덴 등 북유럽을 여행했다.

어느 날 점심 식사를 하던 중 안병무가 함석헌에게 신문을 내밀었다.

"선생님, 여기 한국 소식이 실렸습니다. 박정희가 군복을 벗고 정치를 하겠다는군요."

안병무에게서 신문을 받아 든 함석헌이 갑자기 눈물을 흘렸다.

"결국 이렇게 되었군. 우리 국민에게는 왜 이처럼 불행한 일이 그치지 않는 것일까?"

함석헌의 눈물은 멈출 줄 몰랐다.

박정희는 군사 정변을 일으킬 때부터 나라 사정이 안정되면 다시 군인 신분으로 돌아가겠다고 약속했다. 하지만 2년 동안 국가 재건 최고 회의 의장으로 활동하며 대통령보다 큰 권력을 누렸다. 그러다가 1962년 12월에는 헌법을 바꾸어 제2공화국의 내각 책임제는 다시 대통령 중심제로 바뀌었다.

곧이어 1963년 2월에는 민주 공화당이란 정당을 만들었다. 박정희는 민주 공화당의 총재가 되어 제5대 대통령 선거에 출마했다. 그가 민간인에게 정치를 맡기겠다는 약속을 어기고 스스로 대통령이 되겠다고 하자 많은 국민이 반대하고 나섰다.

한동안 눈물을 흘리던 함석헌이 말했다.

"이렇게 정부를 뒤집어엎고 자기가 했던 말을 식은 죽 먹듯 어기는 사람이

니 앞으로도 계속 독재를 할 거야."

함석헌의 말에 안병무가 고개를 끄덕였다.

"그렇습니다, 선생님."

"난 이제 돌아가겠네."

함석헌은 아프리카와 인도 등을 여행하기로 한 계획을 모두 취소하고 귀국하겠다고 말했다. 그때 안병무가 힘주어 말했다.

"선생님, 이번에 돌아가시면 절대 가만히 계시면 안 됩니다."

"알겠네."

그동안 함석헌은 글이나 강연을 통해서 가끔씩 정부의 잘못을 비판하는 정도였다. 그걸 잘 알고 있던 안병무는 함석헌에게 보다 적극적으로 독재 정치를 반대하며 민주화 운동에 앞장서 달라고 부탁한 것이었다.

어린 시절 모든 인간이 평등하고 존엄하다는 어머니의 가르침을 가슴에 새기고 있던 함석헌은 그 가르침을 실천하기 위해 나서기로 결심했다. 그의 나이는 어느덧 예순두 살이었다.

며칠 뒤 함석헌이 귀국했다는 소식을 듣고 사람들이 서울 원효로에 있던 그의 집 앞에 모여들었다. 학자들과 기자, 시민, 학생들이 함석헌의 귀국을 환영했다.

긴 여행을 마치고 귀국한 함석헌은 안병무에게 감사 편지를 보냈다. 그러면서 자신의 굳은 의지를 적었다.

나는 이제 극한투쟁을 하기로 결심했습니다. 비폭력 국민운동을 일으켜 민정을 세우도록 하자는 것입니다. 물론 나야 정치가는 아니지만 여론을 일으키도록 하렵니다.

민정 | 민간인이 하는 정치를 말하며 군인 출신이 하는 정치는 군정이라고 한다.

함석헌은 전국을 다니며 강연회를 열었다. 강연할 때는 논리 정연하면서도 자기주장을 분명히 펼쳐 나갔으며, 글을 쓸 때는 누구든 쉽게 이해할 수 있도록 한글을 많이 썼다. 특히 함석헌은 오산 학교 때부터 학생들을 가르친 경험이 있었기 때문에 그의 한마디 한마디는 청중들의 뜨거운 박수를 이끌어 냈다.

함석헌은 서울 시민회관 강연회에서 이렇게 말했다.

내 진단에 따르면 국민은 군정을 원하지 않습니다. 군정의 업적이 있다면 비싼 물가로 국민을 허덕이게 한 것뿐입니다. 나라가 잘되려면 군인이나 정치인에게 기대하지 말고 할 말을 바로 하여 고쳐 나가는 수밖에 없습니다. 그런데 지금은 말하는 사람이 없어서 내가 대신 나선 것입니다.

역사의 주인은 권력자가 아니라 우리 씨알들입니다. 따라서 우리는 당당하고 떳떳하게 우리가 잃어버린 권리를 요구해야 합니다. 그렇다고 폭력을 써서는 안 됩니다. 폭력은 약하고 비겁한 사람이 쓰는 것이지 강하고 당당한 사람은 폭력을 쓰지 않습니다.

당시 함석헌의 강연은 매우 인기가 높아서 수만 명의 청중이 모여들 정도였다. 함석헌의 연설에 청중들은 우레와 같은 박수를 치며 환호했다. 함석헌은 강연과 함께 여러 신문과 잡지에 박정희를 비판하는 글을 싣기도 했다.

여러분(박정희 등 군사 정권)은 여러 가지 잘못을 저질렀습니다. 첫째 군사 쿠데타를 한 것이 잘못입니다. 나라를 바로잡자는 목적은 좋았으나 수단이 틀렸습니다. 그리고 수단이 잘못될 때 목적은 그 의미를 잃어버립니다. 여러분

은 아무 혁명 이론이 없었습니다. 단지 손에 든 칼만을 믿고 나섰습니다. 그러나 민중은 무력만으로는 얻지 못합니다.

이처럼 함석헌은 정부를 비판하며 민주주의를 요구했다. 하지만 정부는 함석헌이 나이가 많고 나라 안팎으로 유명한 사람이었기 때문에 그가 운영하던 씨알농장을 탄압하는 것이 고작이었다. 그 무렵 함석헌을 비롯한 한국의 민주 인사들은 외국의 인권 단체와 사상가들, 언론사들의 도움을 받고 있었기 때문에 정부도 함부로 그들을 탄압하지 못했다.

우리나라 방송의 역사

우리나라에서 처음으로 라디오 방송이 시작된 것은 일제 강점기인 1927년이었다. 일제는 1926년 정동(오늘날의 서울시 중구 정동)에 경성방송국을 세우고 이듬해 2월부터 첫 방송을 시작했다. 주로 뉴스와 일기 예보, 오락 프로그램이 방송되었고 한국어와 일본어가 모두 쓰였다.

1933년에는 일본어 방송인 제1 방송과 한국어 방송인 제2 방송으로 나뉘었고 1935년부터는 부산 방송국을 비롯한 지방 방송국이 세워졌다. 일제는 1937년 중일 전쟁, 1941년 태평양 전쟁을 일으킨 뒤로는 라디오 방송을 전쟁 소식을 전하는 데 사용했다. 그래서 연예, 오락 프로그램은 거의 자취를 감췄다.

1945년 광복 이후 경성방송국은 서울중앙방송국으로 이름이 바뀌었으며 그 뒤에도 몇 차례 변화를 거쳐 오늘날의 한국방송공사(KBS)가 되었다.

1956년 상업 방송인 HLKZ-TV가 처음 방송을 시작했으며, 1960년대부터는 KBS를 비롯해 여러 텔레비전 방송국이 문을 열었다. 이때만 해도 흑백 방송이었으나 20여 년 뒤인 1981년 1월부터 본격적으로 컬러 방송이 시작되었다. 이후 방송은 눈부시게 발달해 오늘날에는 케이블, 지상파 디지털 방송, 디지털 위성 방송 등 다양한 방송의 시대가 열렸다.

▲ 1926년 창건 당시 경성방송국

한국인 최초의 노벨 평화상 후보

1970년 4월 19일, 함석헌은 4·19 혁명 10주년을 맞아 〈씨알의 소리〉라는 잡지를 창간했다. 이 잡지는 100쪽도 채 안 되었지만 사람들에게 많은 영향을 주었다.

함석헌은 1927년 친구 김교신이 창간한 〈성서조선〉의 편집 위원으로 일하며 원고를 연재했다. 그리고 1954년에는 〈말씀〉이라는 잡지를 창간하기도 했고, 그 뒤에는 〈사상계〉에 원고를 연재했다. 그런데 〈사상계〉는 박정희 정부를 비판하는 글을 실은 뒤 심한 탄압을 받아 운영이 어려워졌고, 발행인이던 장준하마저 '국가원수모독죄'로 구속되면서 큰 어려움을 겪었다.

그 무렵 삼성그룹이 일본에서 사카린을 밀수해 팔아 큰 이익을 남긴 사건이 드러났다. 사카린은 단맛이 나는 합성 감미료인데 음료수나 사탕, 치약 등을 만드는 데 쓰이는 원료였다. 그런데 세관을 거치지 않고 밀수를 해서 팔

밀수 |외국의 물건을 세관을 거치지 않고 몰래 사들여 오거나 내다 파는 일을 말한다.

아 네 배나 많은 이익을 남긴 것이었다. 삼성그룹은 이렇게 마련한 돈으로 공장을 짓고 박정희에게 정치 자금을 건넸다. 사실 권력자들은 경제를 살려야 한다며 대기업이나 재벌들에게 많은 혜택을 주고 대신 어마어마한 정치 자금을 받아 권력을 이어 나갔다. 이렇게 정치인과 재벌, 대기업들이 옳지 못한 방법으로 도움을 주고받는 것을 '정경유착'이라고 부른다.

'사카린 밀수 사건'으로 국민이 분노하고 있을 때 박정희 정부는 베트남

전쟁에 국군을 파병하기로 결정했다. 베트남 전쟁은 크게 두 차례 있었는데 1946년부터 1954년까지 제1차 베트남 전쟁에 이어, 1960년부터 1975년까지 제2차 베트남 전쟁이 일어났다. 제2차 베트남 전쟁은 공산주의 세력과 민주주의 세력의 대결이기도 했다. 미국은 베트남을 민주 국가로 만들기 위해 대규모 병력을 보냈지만 전쟁은 좀처럼 끝나지 않았다. 오히려 공산주의 세력인 '베트콩'에 밀리는 형편이었다. 그러자 미국은 한국군을 베트남으로 보내 줄 것을 요구했고 정부는 요구를 받아들였다.

국민은 다른 나라의 전쟁에 끼어들어서는 안 된다며 반대했다. 민주 공화당의 국회 의원들마저 '더러운 돈을 받아 잘 먹고 잘사느니 가난하더라도 깨끗하게 사는 게 낫다.'며 파병을 반대할 정도였다.

미국은 한국군을 보내지 않으면 한국에 주둔한 미군을 철수시킬 수밖에 없다며 협박했다.

주한 미군이 철수할 경우 당시 우리 정부는 북한의 남침을 막을 수 없었다. 그래서 정부는 국군을 베트남으로 보내기로 결정했다. 베트남에 파견된 군인들은 파병의 대가로 미국으로부터 봉급을 받았고 여러 가지 신형 무기도

받을 수 있었다.

이때 장준하는 그것을 규탄하는 국민 대회에 참석해 연설을 했다.

박정희란 사람은 우리나라 밀수의 왕초이고 삼성그룹은 그 졸개다. ……
존슨 미국 대통령이 한국을 방문하는 것은 박정희 씨가 잘났다고 보러
오려는 게 아니고 우리나라 청년들의 피가 더 필요하기 때문이다.

박정희 정부의 정경유착과 베트남 파병을 강하게 비판한 것이었다. 연설을 마친 뒤 장준하는 국가 원수를 모독했다는 죄로 감옥에 갇히게 되었다.

1967년, 감옥에 갇힌 장준하는 더 이상 탄압을 받을 수 없다며 국회 의원 선거에 출마하기로 했다. 이때 정치에는 뜻을 두지 않았던 함석헌이 장준하를 돕겠다며 발 벗고 나섰다.

함석헌은 동대문 운동장에서 열린 유세 연설에서 이렇게 호소했다.

"여러분, 장준하를 살려 주세요. 장준하를 국회로 보내 주십시오. 그렇지 않으면 그 사람은 감옥에서 죽을지도 모릅니다."

함석헌이 곳곳을 돌아다니며 유권자들에게 부탁한 결과 장준하는 우리나라 역사상 처음으로 수감 중에 국회 의원에 당선되었다.

하지만 장준하가 펴내던 〈사상계〉는 계속 탄압을 받아 적자에 시달렸고 발행인도 바뀌었다. 그러다 1970년 김지하 시인의 〈오적〉이라는 작품을 실었다는 이유로 결국 폐간되었다. 〈오적〉은 1970년 무렵의 재벌과 국회 의원, 장·차관, 고위 공무원, 장군 등을 '을사오적'에 비유하며 그들의 부정부패를 날카롭게 비판한 작품이었다.

박정희 대통령은 북한의 위협으로부터 나라를 지켜야 한다며 '반공'과 '안보'를 강조했다. 6·25 전쟁을 겪었던 국민들 또한 정부의 정책에 찬성했다. 그러던 중 1968년과 1969년에 국가 안보를 위협하는 중요한 사건이 거듭 일어났다.

1968년 1월 21일, 북한의 특수부대원 31명이 무장을 한 채 휴전선을 넘어 서울 청와대 근처까지 다가왔다. 이때 남한의 경찰과 군대가 그들과 총격전을 벌여 무장간첩 28명을 사살하고 1명을 생포했다. 이 사건을 '1·21 사태'라고 부른다. 이 일로 국민은 북한이 얼마나 위험한 정치 집단인지 뼈저리게 느꼈다.

게다가 그해 1월 23일에 미국의 군함 푸에블로 호가 동해안에서 북한군에게 나포되는 일이 있었다. 푸에블로 호는 북한에 대한 정보를 수집하고 있었고, 당시 배에는 미 해군과 민간인 83명이 타고 있었다.

그러자 정부는 '내 고장은 내가 지켜야 한다.'며 같은 해 4월 1일, 향토 예비군을 창설했다. 그때 만들어진 향토 예비군 제도는 지금까지 이어지고 있다.

이어 11월에는 무장한 게릴라군 120명이 울진과 삼척에 상륙했다. 그들은 국군의 추격으로 모두 사살되었는데 도망치던 무장 게릴라들이 강원도 평창

나포 |사람이나 배, 비행기 등을 사로잡는 것을 말한다.

군 용평면에 살던 이승복 어린이의 가족에게 마구 총을 쏜 사건이 일어났다. 이승복과 어머니, 남동생, 여동생이 모두 그 자리에서 숨졌고 형과 아버지는 크게 다쳤다. 당시 이승복 어린이가 무장 게릴라들에게 '나는 공산당이 싫어요.' 하며 울부짖었다고 신문에 보도되자 국민은 다시 반공정신으로 똘똘 뭉치게 되었다.

이처럼 북한의 위협이 이어지자 일부 정치인들 사이에서 개헌을 해야 한다는 말이 나오기 시작했다.

"북괴가 자꾸 남한을 위협하고 있어서 국민이 불안하게 여깁니다. 이럴 때일수록 대통령을 중심으로 똘똘 뭉쳐야 하지 않겠습니까?"

"그렇습니다. 박정희 대통령 덕분에 우리 경제가 나날이 발전하고 있습니다. 그런데 안보가 위험해지면 경제가 발전한들 무슨 소용이 있겠습니까? 그러니 박정희 대통령이 계속 집권할 수 있도록 헌법을 고치는 게 좋겠습니다."

"이번 기회에 박정희 대통령이 계속 집권할 수 있도록 헌법을 뜯어고칩시다."

헌법을 고치자는 의견이 나오자 야당과 학생, 시민들은 강하게 반대했다.

"박정희 대통령은 자기가 없으면 이 나라가 금방 무너질 것처럼 생각하는 것 같은데 그건 착각일 뿐이오. 나라의 안보를 지키고 경제를 발전시킬 인물은 많이 있습니다."

"맞아요. 이승만 대통령도 독재를 하려다가 국민의 요구로 물러났는데 박정희 대통령은 그런 역사의 교훈을 잊었단 말입니까?"

"이번에 헌법을 고치면 그는 돌아올 수 없는 다리를 건너게 될 것이오. 개헌을 막도록 합시다."

1969년 6월, 대학생들이 3선 개헌을 반대하는 대규모 시위를 벌인 데 이어 야당과 시민, 학생들은 '3선 개헌 반대투쟁위원회'를 조직하고 전국적으로 반대 운동을 벌였다. 하지만 여당이었던 민주 공화당은 반대 시위에도 불구하고 박정희가 세 번째로 대통령 후보로 출마할 수 있도록 헌법을 고쳤다.

그로부터 2년 뒤인 1971년 제7대 대통령 선거가 치러졌다. 선거를 앞두고 민주 공화당의 박정희, 신민당의 김대중 등 다섯 명이 후보로 출마했다. 이때 김대중은 마흔일곱 살로 전국 각 지역에서 돌풍을 일으켰다. 그가 유세를 하는 곳은 수십만 명의 인파가 모여들어 발 디딜 틈이 없을 정도였다.

그러자 정부는 공무원과 경찰 등을 동원해 박정희 후보를 당선시키려고 안간힘을 썼다. 박정희 후보는 겨우 95만 표 차이로 선거에서 이겼다. 하지만 선거가 공정하게 치러졌다면 김대중 후보가 승리했을 것이라는 의견이 많았다.

이 무렵부터 우리나라의 모든 권력은 박정희 한 사람에게 집중되었다. 박정희의 독재 정치가 본격적으로 시작된 것이다. 누구도 대통령을 비판하지 못했다. 만약 그랬다가는 쥐도 새도 모르게 잡혀가 심한 고문을 받거나 심지어 목숨을 잃을 수도 있었다.

정부는 신문과 방송을 통해 독재 정치를 반대하는 사람들, 시위에 나선 민주 인사와 학생들을 '사회를 불안하게 만드는 사람들'로 몰아갔다. 나라가 안정되길 바라던 많은 국민은 자연스럽게 그런 분위기에 젖어들었다. 라디오에서 사람들이 시위를 벌였다거나 정부에 반대하는 투쟁을 했다는 등의 뉴스가 나오면 사람들은 불안해하며 얼굴을 찌푸렸다.

"북괴가 틈만 나면 무장간첩을 보내는 이때에 무슨 데모질이야?"

"걸핏하면 정부를 반대하는 저런 놈들은 모조리 붙잡아 감옥에 가둬야

해."

"우리나라가 이만큼 살게 된 것이 모두 박정희 대통령 덕분인 줄도 모르나 봐. 북괴가 언제, 어떻게 남침할지 모르는데 대통령이 조금 독재를 하는 것쯤은 괜찮은 거 아닌가?"

이런 분위기이다 보니 언론마저 입을 다물고 있었다. 국민의 알 권리, 말할 권리를 전달하고 정부의 잘못을 비판하는 역할을 해야 할 언론이 가만히 있으니 독재 정치는 더욱 심해졌다.

▲ 〈씨알의 소리〉 | 1970년 4월에 함석헌이 창간한 월간 잡지이다.

바로 이때 〈씨알의 소리〉가 창간되었다. 〈씨알의 소리〉는 '첫째, 바른 말을 하자, 한 사람이 죽는 일이 있더라도 옳은 말을 하자. 둘째, 유기적인 공동체를 기르는 일을 하자.'를 발행 목적으로 삼았다. 하지만 정부를 비판하는 일에 사람들이 선뜻 나서지 못하자 함석헌은 혼자서 글을 쓰고 편집을 했으며, 서점과 독자들에게 보내는 일까지 직접 맡았다.

함석헌은 〈씨알의 소리〉 창간호에서 이렇게 밝혔다.

신문이 씨알(민중)에게 마땅히 알아야 할 것을 보여 주지 않고 있다. 뿐만 아니라 씨알이 하고 싶어서 못 견디는 말을, 입을 막고 못하게 한다. 그래서 〈씨알의 소리〉는 민중이 알아야 할 것이라면 무엇이든 숨기지 않고 보여 주려 한다.

이 글에서 함석헌은 언론이 제 역할을 못하고 있으므로 자신만이라도 나서서 독자들에게 올바른 소식을 전하며 민중을 대신해 할 말을 하겠다고 밝혔다. 하지만 정부가 그냥 놔둘 리 없었다.

당시 언론법에 따르면 누군가가 신문, 잡지 등을 발행하려면 먼저 정부의 허가를 받아야 했다. 허가를 받기 위해서는 발행 목적과 방법 등 여러 가지 내용을 적어야 했는데 그중 한 가지라도 어기면 허가가 취소되었다.

그 무렵의 신문과 잡지들은 거의 모두 세로쓰기였고 한글과 한자를 섞은 딱딱한 문장을 썼지만, 〈씨알의 소리〉는 독자들이 쉽게 읽을 수 있도록 한글로 쓰고 가로쓰기로 편집되었다. 그리고 민주주의와 정의를 위해 곧은 말을 서슴없이 하고 있어서 지식인들과 민중의 큰 관심을 끌었다. 〈씨알의 소리〉는 시대를 앞선 잡지로 평가받았다.

정부는 〈씨알의 소리〉 창간호(4월 호)와 5월 호가 나오자 온갖 트집을 잡아 발행 허가를 취소했다. 하지만 함석헌은 1971년 9월, 대법원으로부터 승소 판결을 받아 〈씨알의 소리〉를 계속 펴낼 수 있었다. 이후에도 함석헌은 독재 정치에 대한 비판을 멈추지 않았기 때문에 다른 민주 인사들과 함께 체포되어 수없이 재판을 받았다.

그러던 1976년 3월 1일, 함석헌을 비롯해 김대중, 윤보선 등 민주 인사 12명이 서울 명동 성당에서 3·1절 미사를 마친 뒤 '3·1 민주구국선언문'을 낭독했다. 그 무렵에는 수없이 '긴급 조치'가 발령되어 국민은 숨도 제대로 쉬지 못할 정도로 억압당하고 있었다. 긴급 조치는 나라의 안보가 위급해졌거나 사회가 불안할 때 대통령이 국민의 기본권인 집회나 시위, 언론, 출판 등을 막는 명령을 말한다.

박정희는 유신 헌법에 반대하는 사람을 탄압하려고 긴급 조치를 9차례나 발표했다. 1974년 1월 8일에 내린 긴급 조치 1호를 보면 '대한민국 헌법(유신 헌법)을 부정, 반대, 왜곡 또는 비방하는 일체의 행위를 금한다. 대한민국 헌법의 개정 또는 폐지를 주장, 발의, 청원하는 일체의 행위를 금한다.'는 내용이 있고 이것을 위반하면 15년 이하의 징역에 처했다.

1975년 5월 13일에 내린 긴급 조치 9호는 언론이나 책, 음반 등으로 유신 헌법을 부정, 반대, 왜곡하거나 집회, 시위를 금지한다는 내용이다.

▲ 3·1 민주구국선언 1주년 때 **침묵하며 행진하는 함석헌**

긴급 조치에 따라 1974년 1년 동안 1000여 명의 시민과 학생들이 체포되었으며 그중 180명은 감옥에 갇혔다. 그리고 몇몇 사람들은 사형 선고를 받아 목숨을 잃기도 했다.

이런 때에 함석헌 등 민주 인사들은 3·1 민주구국선언을 발표해, 마치 일제에 맞서 3·1 운동에 나섰던 애국지사들처럼 박정희 정부의 독재 정치를 비판했다.

이 민족은 또다시 독재 정권의 쇠사슬에 매이게 되었다. 삼권 분립은 허울만 남고 말았다. 국가 안보라는 구실 아래 신앙과 양심의 자유는 날로 위축되어 가고, 언론의 자유와 학원의 자주성은 압살당하고 말았다.

현 정권은 이 나라를 여기까지 끌고 온 책임을 져야 할 것이다. 우리의 비원인 민족 통일을 향해서 국내외로 민주 세력을 키우고 규합하여 한 걸음 한 걸음 착실히 전진해야 할 이 마당에, 이 나라는 일인독재 아래 인권은 유린되고 자유는 박탈당하고 있다. …… 이 나라는 민주주의 기반 위에 서야 한다. 우리는 국민의 자유를 억압하는 긴급 조치를 곧 철폐하고 민주주의를 요구하다가 투옥된 민주 인사들과 학생들을 석방하라고 요구한다. 언론, 출판, 집회 등의 자유를 국민에게 돌리라고 요구한다.

이와 같은 3·1 민주구국선언이 발표되자 정부는 이 선언에 참여했던 민주 인사 12명을 모두 체포해 '정부를 뒤집어엎으려 했다'며 옥에 가두었다. 하지만 세계의 주요 언론이 이 사건을 널리 보도하자 박정희 정부는 오히려 궁지에 몰렸다.

그들(민주 인사)은 박정희 대통령을 독재자로 표현했고 대통령직에서 책임을 지고 물러날 것을 요구했다. 이 성명서에 서명한 주요 인사들은 전 대통령 윤보선, 1971년 대통령 선거 후보자 김대중, 인권 운동 지도자 함석헌 등이다.

— 미국 〈뉴욕타임스〉 기사 중에서

함석헌은 8년형의 징역을 선고받았다. …… 함석헌은 75세이며 이따금 '한국의 간디'로 불린다.

— 영국 〈프렌드〉 기사 중에서

함석헌이 8년의 징역형을 받기 전이었다.

"피고는 최후 진술을 하시오."

재판장이 말하자 함석헌은 담담하게 자기의 뜻을 밝혔다.

"내가 오늘 이 자리에 선 것은 나 자신의 뜻이라기보다 하느님의 발길에 채여 밀려 나온 것입니다. 나는 한 사람의 기독교인으로서 진실하게 예수님을 따르기 위해 이와 같은 일에 참여했습니다."

최후 진술을 앞두고 함석헌이 영국의 퀘이커 교인들에게 보낸 편지에서도 '나는 우리를 기소한 검찰 측 사람들과 악수를 나누고 그들을 위로할 생각입니다. 이번 일은 민주주의를 위한 우리 투쟁의 끝이 아닙니다. 나는 내 자신이 옳다는 것을 확신하기에 우리를 심판하는 판사들과 검사들을 용서하고 그들을 위해 기도합니다.'라고 썼다.

독재 정권에 탄압받으면서도 자신을 심판하는 법관이나 검찰을 너그럽게 용서하겠다는 말은 아무나 할 수 있는 게 아니다. 사람은 누구나 평등하고 소중하다는 진리를 분명히 깨닫고 그것을 지키

기 위해 평생 힘쓴 사람이라야 독재 정권의 하수인을 용서할 수 있는 법이다.

박정희는 18년 동안 우리나라 최고의 권력자로 있다가 1979년, 중앙정보부장의 총을 맞고 세상을 떠났다. 바로 그해 함석헌은 세계퀘이커회의 추천을 받아 한국인 최초로 노벨 평화상 후보가 되었다.

함석헌의 생애와 사상을 존경했던 김대중은 '함석헌 선생 노벨 평화상 추진위원회'를 조직했다. 비록 함석헌이 노벨 평화상을 받지는 못했지만 국민은 그가 후보에 오른 것만으로도 크게 기뻐했다.

하지만 함석헌은 박정희에 이어 권력을 쥔 전두환 정권 때에도 계속 탄압을 받았다. 그가 발행하던 〈씨알의 소리〉는 1980년에 두 번째로 폐간당해 더 이상 발행되지 못했다. 이런 탄압을 받으면서도 함석헌은 군사 독재에 맞서 끝까지 투쟁했고, 국내뿐 아니라 세계 각국의 초청을 받아 한국의 민주주의와 평화를 바라는 강연을 했다.

함석헌은 1985년 다시 노벨 평화상 후보가 되었으며 1988년에는 '서울평화올림픽위원장'으로 추대되기도 했다. 그리고 1989년 2월 4일, 함석헌은 여든여덟 살의 나이로 생애를 마감하고 눈을 감았다.

을사조약 4년 전인 1901년에 태어난 함석헌의 생애는 곧 한국의 근대사이며 현대사이기도 했다. 그는 청소년 시기에 일제의 악랄한 탄압을 체험했고, 3·1 운동에 참여했다.

오산 학교를 다닐 때부터 동양과 서양의 사상을 깊이 공부해 나갔으며 일본 유학을 마치고 귀국한 뒤로는 일제의 탄압을 받아 여러 번 감옥에 갇혔다. 그리고 광복 후에는 공산주의자들의 탄압을 견디다 못해 남한으로 내려왔으며 이후 이승만, 박정희, 전두환의 독재 정치에 맞서서 억압받던 민중에게 희망과 용기를 주었다.

하수인 | 남의 밑에서 졸개 노릇을 하는 사람을 말한다.

오늘날 함석헌은 독립운동가, 종교 사상가, 문필가, 민권 운동가 등 여러 이름으로 불리고 있다. 그만큼 함석헌이 여러 분야에서 활동했으며 큰 영향을 주었다는 뜻이기도 하다. 함석헌이 펼친 여러 활동은 어렸을 때 어머니로부터 배운 '인간의 평등함과 소중함'을 지키기 위한 활동이었다.

함석헌은 민주주의가 위기에 빠졌던 시대에 민중의 등불이 되어 오늘날에도 '한국의 간디', '한국의 위대한 사상가'로 존경받고 있다.

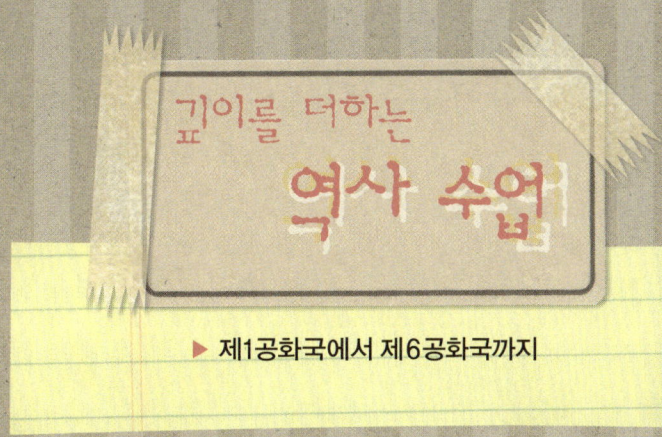

깊이를 더하는
역사 수업

▶ 제1공화국에서 제6공화국까지

제1공화국에서 제6공화국까지

우리나라에서는 헌법이 바뀌거나 정권의 성격이 크게 바뀐 때를 기준으로 제1공화국부터 제6공화국까지 시대를 구분하고 있다. 공화국이란 공화 정치를 하는 나라를 가리킨다. 그리고 공화 정치란 주권을 가진 국민이 정해진 임기를 가진 국가 원수를 뽑는 정치를 말한다. 다시 말해 공화국이란 주권이 국민에게 있는 민주주의 국가를 뜻한다. 제1공화국 때부터 헌법은 여러 차례 바뀌었는데 1987년 개헌 이후 제6공화국이 시작되어 오늘날까지 이어지고 있다.

○ 제1공화국

제1공화국은 헌법을 처음으로 정하고 새 정부가 시작된 1948년부터 1960년까지를 말한다. 헌법은 처음 제정된 후 제1공화국 때 두 차례 바뀌었다. 맨 처음 헌법에는 대통령을 간접 선거로 뽑으며 4년 중임제를 원칙으로 한다고 되어 있다. 초대 대통령으로는 이승만이 선출되어 1948년부터 1952년까지 4년의 임기를 마쳤다.

이승만 대통령과 자유당은 제2대 대통령 선거에서 승리할 가능성이 없자 헌법을 개정했다. 이때 정부는 대통령 직선제와 국회 의원 양원제를 실시하자는 방안을 내놓았고 국회 의원들은 내각 책임제와 국회 의원 단원제를 실시하자고 주장했다.

두 가지를 놓고 이승만 정부와 야당 국회 의원들 사이에서 큰 마찰이 일어났다. 그러자 정부와 국회에서 내놓은 방안 중 서로 유리한 것만 뽑아서 헌법을 개정했기 때문에 이때의 개헌을 '발췌 개헌'이라고 부른다. 이 개헌은 대통령 간선제를 대통령 직선제로 바꿨다는 것이 가장 큰 특징이다.

대통령 직선제에 따라 이승만은 제2대 대통령에 당선되어 1952년부터 1956년까지 임기를 마쳤다. 그리고 1954년에 자유당은 다시 한 번 개헌을 하여 이승만이 계속 대통령에 출마할 수 있도록 했다. 이 개헌은 국회 의원들의 반대가 심해 겨우 통과되었는데 수학의 반올림을 적용한 불법 개헌으로 '사사오입 개헌'으로도 불린다.

이승만은 1956년부터 1960년까지 제3대 대통령으로 임기를 마쳤다. 그리고 1960년 3월 15일 치러진 제4대 대통령 선거에서도 온갖 부정한 방법을 동원해 당선되었지만 결국 국민의 거센 반대에 부딪혀 임기가 끝나기 전에 자리에서 물러났다.

제2공화국

제2공화국은 1960년 4·19 혁명에 따라 헌법을 바꾼 뒤 새로 들어선 장면 정권 시기를 가리킨다. 이때의 개헌은 의원 내각제를 선택하여 국회 의원이 내각을 책임지게 했다. 그리하여 대통령은 상징적인 존재일 뿐 실제 권력은 총리에게 있었다. 하지만 제2공화국은 시작된 지 채 1년도 지나지 않아 막을 내렸다.

▲ 장면 내각 총사퇴 성명 발표

143

5·16 군사 정변으로 장면 정권이 물러나자 1963년까지 2년 동안 군인들이 정치를 하는 군정이 이어졌다. 그러다가 다시 헌법이 바뀌고 제3공화국이 시작되었다.

○ 제3공화국

1962년, 박정희가 이끄는 군사 정부는 헌법을 의원 내각제에서 대통령 중심제로 다시 바꾸었다. 그리고 이듬해인 1963년 제5대 대통령 선거에서 박정희가 대통령으로 당선되었다.

박정희는 제5대(1963~1967년), 제6대(1967~1971년) 대통령에 연이어 당선되었고 제6대 대통령 임기 중인 1969년에 다시 대통령으로 출마하기 위해 헌법을 고쳤다. 이것을 '3선 개헌'이라고 부른다. 억지로 3선 개헌을 통과시킨 박정희는 제7대(1971~1972년) 대통령으로 당선되었다.

하지만 그것으로 그치지 않고 1972년에는 죽을 때까지 독재 정치를 하기 위해 또다시 헌법을 고쳤다. 이때 바뀐 헌법을 '유신 헌법'이라 부르며 1972년부터 제4공화국이 시작되었다.

○ 제4공화국

유신 헌법의 중요한 내용은 정부가 국민의 기본권을 제한할 수 있다는 것, 대통령의 임기를 6년으로 하되 중임 제한을 없애는 것, 그리고 대통령이 입법, 사법, 행정의 3권을 모두 지배한다는 것이었다.

유신 헌법에 따라 박정희는 간접 선거로 제8대(1972~1978년) 대통령에 당선되어 임기를 마쳤다. 그리고 1978년에 치러진 간접 선거에서도 당선되어 제9대 대통령 임기를 시작했는데 이듬해인 1979년 중앙정보부장 김재규의 총에 맞아 세상을 떠났다. 이러한 유신 헌법 시대의 박정희 정권을 제4공화국이라 부른다.

박정희가 갑작스럽게 숨지자 당시 국무총리인 최규하가 제10대 대통령이 되었다. 그런데 1979년 12월 12일, 전두환을 비롯한 일부 군인(신군부)들이 상관이던 정승화 육군 참모총장을 체포한 뒤 권력을 차지하는 '12·12 사태'가 일어났다. 그 일로 최규하 대통령은 허수아비 대통령으로 있다가 1980년 자리에서 물러났다.

▲ 1972년 제8대 박정희 대통령 취임식

제5공화국

1980년, 전두환이 제11대 대통령으로 당선된 후 다시 헌법을 개정했다. 새로 바뀐 헌법은 대통령 7년 단임제와 간접 선거가 핵심이었다. 이에 따라 대통령은 한 번 당선된 후 7년 임기가 끝나면 물러나야 했다. 전두환이 제12대(1981~1988년) 대통령으로 있었던 기간을 제5공화국이라고 부른다.

제5공화국은 부정부패, 민주화 운동 탄압 등으로 제4공화국에 버금가는 독재 정치로 악명을 떨쳤다. 그래서 전두환 대통령의 임기가 끝나 가던 1987년에는 민주 인사들과 시민, 학생들이 6월 민주 항쟁을 일으켰다. 이에 따라 다시 헌법이 개정되었는데 중요한 내용은 대통령 직선제와 5년 단임제였다.

○ 제6공화국

1988년부터 시작된 제6공화국 시기에는 서울올림픽(1988년), FIFA 한일 월드컵(2002년) 등 국제적인 스포츠 행사가 우리나라에서 열렸고 정권 교체도 평화적으로 이뤄졌다. 이 시기에는 대통령에 따라 정부를 다르게 부르고 있다.

제6공화국 첫 번째 대통령(제13대)으로는 노태우가 당선되었다. 이때는 '노태우 정부'라고 부른다. 이어 김영삼이 제14대 대통령으로 당선되자 박정희, 전두환, 노태우 등 장군 출신이 아니라 순수한 민간 정치인이 대통령으로 당선되었다는 뜻으로 '문민 정부'라고 불렀다.

▲ 2002년 FIFA 한일 월드컵 당시 거리 응원을 위해 시청 앞에 모인 시민들

▲ 함석헌과 김대중

다음으로 김대중이 제15대 대통령으로 당선되었다. 김대중은 오랫동안 야당 정치인으로 활동하다가 대통령이 되었다. 이에 따라 민주 공화당(박정희)에서 민주 자유당(전두환), 신한국당(노태우, 김영삼)으로 이어지던 보수 정당 대신 4·19 혁명으로 집권한 민주당의 계보를 잇는 진보 정당이 정권을 잇게 되었다. 그래서 김대중 대통령 시기를 '국민의 정부'라고 부른다. 그리고 제16대 대통령에는 노무현이 당선되었다. 노무현 대통령 시기는 '참여 정부'라고 부른다.

2007년 12월에 치러진 제17대 대통령 선거에서는 한나라당(지금의 새누리당) 이명박이 당선되어 보수 정당이 다시 여당이 되었다.

교과연계
5-2 사회 2. 새로운 문물의 수용과 자주독립
3. 대한민국의 발전과 오늘의 우리